Meine Erinnerungen

Jules Massenet

(Übersetzer: H. Villiers Barnett)

Writat

Diese Ausgabe erschien im Jahr 2024

ISBN: 9789361467547

Herausgegeben von
Writat
E-Mail: info@writat.com

Inhalt

VORWORT

Ich werde oft gefragt, ob ich meine Lebenserinnerungen aus Notizen zusammenstelle, die ich mir jeden Tag mache. Ehrlich gesagt, das habe ich getan, und so begann ich, dies regelmäßig zu tun.

Meine Mutter – eine vorbildliche Ehefrau und Mutter, die mir den Unterschied zwischen Richtig und Falsch beibrachte – sagte zu mir an meinem zehnten Geburtstag:

„Hier ist ein Tagebuch." (Es war eines dieser langen Tagebücher, die man damals im *kleinen* Bon Marché fand, nicht das riesige Unternehmen, das wir heute kennen.) „Und", fügte sie hinzu, „jeden Abend, bevor Sie ins Bett gehen, müssen Sie auf die Seiten dieses Andenkens schreiben, was Sie tagsüber gesehen, gesagt oder getan haben. Wenn Sie etwas gesagt oder getan haben, von dem Sie wissen, dass es falsch ist, müssen Sie es auf diesen Seiten schriftlich gestehen. Vielleicht werden Sie dann zögern, tagsüber etwas Falsches zu tun."

Wie charakteristisch für eine ungewöhnliche Frau, eine Frau mit aufrichtigem Geist und ehrlichem Herzen, war diese Idee! Indem sie die Gewissensfrage zu den wichtigsten Pflichten ihres Sohnes zählte, machte sie das Gewissen zur Grundlage ihrer Lehrmethoden.

Einmal, als ich allein war, habe ich mir auf der Suche nach etwas Ablenkung den Spaß damit gemacht, in den Schränken herumzustöbern, wo ich einige Stückchen Schokolade fand. Ich habe ein Stück abgebrochen und es verdrückt. Ich habe irgendwo gesagt, dass ich gierig bin. Ich leugne es nicht. Hier ist ein weiterer Beweis.

Als es Abend wurde und ich den Bericht über meinen Tag schreiben musste, zögerte ich einen Moment, dieses köstliche Stück Schokolade zu erwähnen. Aber mein auf diese Weise auf die Probe gestelltes Gewissen siegte und ich hielt meine Pflichtverletzung tapfer in meinem Tagebuch fest.

Der Gedanke, dass meine Mutter von meiner Missetat lesen würde, beschämte mich ein wenig. Sie kam in diesem Augenblick herein und sah meine Verwirrung. Doch als sie den Grund erkannte, umarmte sie mich und sagte:

„Du hast dich wie ein ehrlicher Mensch verhalten und ich verzeihe dir. Trotzdem ist das kein Grund, warum du jemals wieder heimlich Schokolade essen solltest!"

Später, als ich andere und bessere Schokolade mampfte, holte ich mir immer eine Erlaubnis ein.

So kam es, dass ich mir Tag für Tag Notizen über meine Erinnerungen machte, ob sie nun gut oder schlecht, fröhlich oder traurig, glücklich oder nicht waren, und sie aufbewahrte, damit ich sie ständig im Gedächtnis hatte.

KAPITEL I MEINE AUFNAHME

AM KONSERVATORIUM

Selbst wenn ich tausend Jahre alt werden würde – was kaum wahrscheinlich ist –, würde ich jenen schicksalshaften Tag, den 24. Februar 1848, an dem ich gerade sechs Jahre alt war, nie vergessen. Nicht so sehr, weil er mit dem Fall der Julimonarchie zusammenfiel, sondern weil er die ersten Schritte meiner musikalischen Karriere markierte – einer Karriere, von der ich mir bis heute nicht sicher bin, ob sie meine wahre Bestimmung war, so groß ist meine Liebe zu den exakten Wissenschaften!

Damals wohnte ich mit meinen Eltern in der Rue de Beaune in einer Wohnung mit Blick auf die großen Gärten. Der Tag versprach schön zu werden, aber es war sehr kalt.

Wir waren beim Mittagessen, als die Kellnerin wie eine Verrückte in den Raum stürmte. „ *Aux armes, citoyens!* ", schrie sie und warf die Teller auf den Tisch, anstatt sie daraufzustellen.

Ich war zu jung, um zu verstehen, was auf den Straßen vor sich ging. Ich kann mich nur daran erinnern, dass es zu Aufständen kam und dass die Revolution den Thron des höflichsten aller Könige zerschmetterte. Die Gefühle, die meinen Vater bewegten, waren völlig anders als jene, die die ohnehin schon verwirrte Seele meiner Mutter beunruhigten. Mein Vater war Offizier unter Napoleon Bonaparte und ein Freund von Marschall Soult, Herzog von Dalmatien. Er war ganz für den Kaiser und die Atmosphäre der Kämpfe entsprach seinem Temperament. Meine Mutter hingegen hatte die Leiden der ersten großen Revolution erlebt, die Ludwig XVI. und Marie Antoinette vom Thron riss, und war von der Verehrung der Bourbonen erfüllt.

Die Erinnerung an dieses aufregende Essen blieb umso tiefer in meinem Gedächtnis haften, weil meine Mutter am Morgen dieses historischen Tages im Licht der Talgkerzen (Wachskerzen waren nur den Reichen vorbehalten) zum ersten Mal meine Finger auf das Klavier legte.

Um mir die Kenntnisse dieses Instruments so gut wie möglich beizubringen, spannte meine Mutter – sie war meine Musiklehrerin – einen Papierstreifen über die Tastatur und schrieb darauf die Noten, die den schwarzen und weißen Tasten entsprachen, mit ihrer Position auf den fünf Linien. Das war äußerst raffiniert; es war kein Fehler möglich.

Meine Fortschritte am Klavier waren so groß, dass meine Eltern drei Jahre später, im Oktober 1851, der Meinung waren, ich solle mich am Konservatorium für die Aufnahmeprüfung zur Klavierklasse bewerben.

An einem Morgen in diesem Monat gingen wir in die Rue de Faubourg-Poissonnière. Dort befand sich damals das Conservatoire National de Musique, und es blieb dort, bis es in die Rue de Madrid verlegt wurde. Der große Raum, den wir betraten, hatte – wie alle anderen Räume damals – blaugrau gestrichene Wände mit schwarzen Flecken. Ein paar alte Bänke waren die einzigen Möbel in diesem Vorraum.

M. Ferrière, ein strenger, streng aussehender Mann – er war einer der höheren Angestellten – kam heraus, um die Kandidaten aufzurufen, indem er ihre Namen in die Menge der sie begleitenden Verwandten und Freunde schleuderte. Es war, als würde man einen Verurteilten zur Hinrichtung rufen. Dann gab er jedem Kandidaten die Nummer, die er vor der Jury, die sich bereits in den Sitzungssälen versammelt hatte, an die Reihe kommen würde.

Dieser Saal war für Prüfungen vorgesehen und war eine Art kleines Theater mit einer Reihe von Logen und einer runden Galerie im Stil des Konsulats. Ich gestehe, dass ich diesen Saal nie ohne Ergriffenheit betreten habe. Ich habe mir immer eingebildet, in einer Loge der ersten Reihe, wie in einem schwarzen Loch, gegenüber Bonaparte, den Ersten Konsul, und Josephine, die süße Gefährtin seiner frühen Jahre, sitzen zu sehen. Er mit seinem kraftvollen, schönen Gesicht, sie mit ihren freundlichen und sanften Blicken, denn beide kamen zu solchen Anlässen. Durch ihre Besuche in diesem der Kunst gewidmeten Heiligtum und indem sie ihn, der so mit vielen Sorgen beschäftigt war, mitbrachte, schien die gute und edle Josephine seine Gedanken erweichen und sie durch den Kontakt mit der Jugend, die eines Tages zwangsläufig den Schrecken des Krieges nicht entgehen würde, weniger streng machen zu wollen.

Seit der Zeit Sarettes, des ersten Direktors, bis vor kurzem wurden sämtliche Prüfungen für die Klassen der Institution, sowohl für Tragödien als auch für Komödien, in diesem kleinen Saal abgehalten. Er sollte jedoch nicht mit dem so bekannten Saal verwechselt werden, der als Salle de la Société des Concerts du Conservatoire bekannt ist.

Auch der Orgelunterricht fand dort mehrmals wöchentlich statt, denn hinten, hinter einem großen Vorhang verborgen, stand eine große Orgel mit zwei Klaviaturen. Neben diesem alten, abgenutzten, quietschenden Instrument befand sich die schicksalshafte Tür, durch die die Schüler auf die Plattform gelangten, die die kleine Bühne bildete. Dieserselbe kleine Saal war viele Jahre lang auch der Richterstuhl für die Verleihung der Preise für musikalische Komposition, bekannt als *Prix de Rome* .

Doch zurück zum Morgen des 9. Oktober 1851. Nachdem alle Jugendlichen über die Reihenfolge informiert worden waren, in der wir unsere Prüfungen ablegen mussten, gingen wir in einen Nebenraum, der durch die „schicksalshafte" Tür in die Halle führte und der nur eine Art staubige, unordentliche Dachkammer war.

Die Jury, deren Urteil wir uns stellen mussten, bestand aus Halèvy, Carafa, Ambroise Thomas, mehreren Professoren der Schule und dem Direktor, der zugleich Präsident des Konservatoriums war, Monsieur Auber. Wir sagten selten nur Auber, wenn wir von diesem französischen Meister sprachen, dem bedeutendsten und produktivsten von allen, die die Oper und die Opéra-comique jener Zeit berühmt machten.

Zu dieser Zeit war Monsieur Auber 65 Jahre alt. Er wurde allgemein respektiert und jeder am Konservatorium verehrte ihn. Ich werde mich immer an seine angenehmen, ungewöhnlich leuchtenden schwarzen Augen erinnern, die bis zu seinem Tod im Mai 1871 unverändert blieben.

Mai 1871! Wir befanden uns damals in offenem Aufstand, fast in den letzten Zügen der Kommune ... und Monsieur Auber, der immer noch seinem geliebten Boulevard in der Nähe der Passage de l'Opéra – seinem Lieblingsspaziergang – treu blieb, traf einen Freund, der ebenfalls verzweifelt war über die schrecklichen Tage, die wir durchlebten, und sagte zu ihm mit einem Ton äußerster Erschöpfung:

„Ach! Ich habe zu lange gelebt!" Dann fügte er mit einem leichten Lächeln hinzu: „Man sollte nie etwas missbrauchen."

Im Jahr 1851, dem Jahr meiner Bekanntschaft mit Monsieur Auber, lebte er bereits seit langer Zeit in seinem alten Haus in der Rue St. George. Ich erinnere mich, dass man mich dort kurz nach sieben Uhr morgens empfing. Der Meister hatte zu dieser Zeit bereits seine Arbeit beendet und widmete sich dann den Rufen, die er so einfach willkommen hieß.

Dann fuhr er in einem Tilbury, den er normalerweise selbst fuhr, zum Konservatorium. Bei seinem Anblick musste man sofort an die Oper *La Muette de Portici denken* , die außergewöhnlichen Erfolg hatte und den nachhaltigsten Erfolg vor dem Auftritt von *Robert le Diable an der Opéra hatte.* *Wenn man von La Muette de Portici spricht* , wird man lebhaft an die magische Wirkung erinnert, die das Duett im zweiten Akt, *Amour sacre de la patrie* , auf die Patrioten im Publikum ausübte, als es im Théâtre de la Monnaie in Brüssel aufgeführt wurde. Tatsächlich gab es das Signal zur Revolution, die 1830 in Belgien ausbrach und unseren Nachbarn im Norden die Unabhängigkeit brachte. Das ganze Publikum war außer sich vor Aufregung und sang die heroische Melodie mit den Künstlern, wobei es sie immer und ohne

Unterbrechung wiederholte. Welcher Meister kann sich in seiner eigenen Karriere eines solchen Erfolgs rühmen?

Als mein Name aufgerufen wurde, betrat ich zitternd die Bühne. Ich war erst neun Jahre alt und musste das Finale von Beethovens Sonate Opus 29 spielen. Was für ein Ehrgeiz!

Sie hielten mich auf die übliche Weise an, nachdem ich zwei oder drei Seiten gespielt hatte. Ich war völlig verlegen, als ich Monsieur Aubers Stimme hörte, die mich vor die Jury rief. Um von der Bühne herunterzukommen, musste ich zwei oder drei Stufen hinabsteigen. Ich achtete nicht darauf und wäre kopfüber hinabgestürzt, wenn Monsieur Auber nicht freundlich zugerufen hätte: „Pass auf dich auf, mein kleiner Mann." Dann fragte er mich sofort, wo ich so gut gelernt hätte. Nachdem er mit einigem Stolz geantwortet hatte, dass meine Mutter meine einzige Lehrerin gewesen sei, ging ich völlig verwirrt, fast im Laufschritt, aber vollkommen glücklich hinaus. *Er* hatte zu mir gesprochen!

Am nächsten Morgen erhielt meine Mutter die offizielle Mitteilung. Ich war Schüler am Konservatorium.

Zu dieser Zeit gab es an der großen Schule zwei Klavierlehrer – Mamontel und Laurent. Es gab keine Vorbereitungsklassen. Ich wurde Laurents Klasse zugewiesen und blieb dort zwei Jahre, während ich mein klassisches Studium am College fortsetzte. Gleichzeitig nahm ich *Solfa-* Unterricht bei M. Savard, der ausgezeichnet war.

Professor Laurent war unter Ludwig XVIII. *Premier Prix de Piano gewesen* . Danach war er Kavallerieoffizier, verließ die Armee jedoch, um Professor am Königlichen Konservatorium für Musik zu werden. Er war die Güte in Person und verwirklichte das Ideal dieser Qualität im wahrsten Sinne des Wortes. Er setzte vollstes Vertrauen in mich.

M. Savard war ein außerordentlich gelehrter Mann. Er war der Vater eines meiner Schüler, eines Grand Prix de Rome, der heute Direktor des Konservatoriums in Lyon ist. (Wie viele meiner ehemaligen Schüler sind oder waren Direktoren von Konservatorien!) Sein Herz war so groß wie sein Wissen. Es ist schön, sich daran zu erinnern, dass M. Savard mir gerne Unterricht gab, als ich Kontrapunkt üben wollte, bevor ich in die Fugen- und Kompositionsklasse eintrat – Ambroise Thomas war der Professor. Ich ging zu ihm nach Hause, um Unterricht zu nehmen, und jeden Abend ging ich von Montmartre, wo ich wohnte, zur Nummer 13, Rue de la Vielle-Estrpade, hinter dem Pantheon.

Was für wunderbare Lehren hatte ich von diesem einfachen, gelehrten Mann! Wie mutig war ich, als ich den langen Weg zu seinem Haus zurücklegte, von dem ich jeden Abend gegen zehn Uhr zurückkehrte, erfüllt von den weisen und gelehrten Ratschlägen, die er mir gegeben hatte!

Wie gesagt, ich habe die Reise zu Fuß zurückgelegt. Ich bin nicht einmal auf dem Dach eines Omnibusses mitgefahren, um den Preis für meinen Unterricht Sou für Sou beiseite zu legen. Ich musste mich an dieses System halten; der Schatten von Descartes hätte mir gratuliert.

Aber man beachte das Feingefühl dieses wohltätigen Mannes. Als der Tag kam, an dem er meine Schulden einfordern sollte, sagte mir M. Savard, er hätte Arbeit für mich – die Transkription der Militärkapellenbegleitung zu Adolphe Adams Messe für ein volles Orchester, und er fügte hinzu, die Arbeit würde mir dreihundert Francs einbringen!!...

Seine Absicht war offensichtlich, aber ich verstand sie nicht. Erst viel später begriff ich, dass Monsieur Savard sich diese Möglichkeit ausgedacht hatte, mich nicht um Geld zu bitten – indem er mich glauben ließ, die dreihundert Francs seien das Honorar für seinen Unterricht; sie „entschädigten" ihn, um eine moderne Formulierung zu verwenden.

Nach all den Jahren, die seit seinem Tod vergangen sind, sagt mein Herz diesem Meister, dieser bezaubernden, bewundernswerten Seele immer noch: „Danke !"

KAPITEL II

JUGENDJAHR

Als ich auf den Bänken des Konservatoriums Platz nahm, war ich ziemlich zierlich und nicht sehr groß. Das war der Grund für die Zeichnung, die der berühmte Karikaturist Cham von mir anfertigte. Er war ein guter Freund der Familie und kam oft, um den Abend mit meinen Eltern zu verbringen. Sie führten viele Gespräche, die der brillante Künstler mit seiner munteren und witzigen Begeisterung belebte, während sie um den Familientisch saßen, der vom schwachen Licht einer Öllampe erhellt wurde. (Kerosin war kaum bekannt und Elektrizität war noch nicht in Gebrauch, um zu leuchten.)

Früher tranken wir bei solchen Gelegenheiten einen süßen Sirup, denn das war, bevor eine Tasse Tee zum Modegetränk wurde.

Ich wurde oft gebeten, zu spielen, so dass Cham jede Gelegenheit hatte, mein Profil zu zeichnen. Er stellte mich so dar, als säße ich auf fünf oder sechs Notenblättern, mit den Händen in der Luft, und erreichte kaum die Tastatur. Das war offensichtlich übertrieben, aber es war genug Wahrheit darin, um zu zeigen, dass es auf Tatsachen beruhte.

Ich ging oft mit Cham zu einem netten und liebenswerten Freund von ihm in die Rue Tarranne. Natürlich wurde ich gebeten, „Klavier zu spielen". Ich erinnere mich, dass ich an einem Abend, als ich gebeten wurde zu spielen, gerade den dritten Platz in einem Preiswettbewerb sowohl am Klavier als auch im Solfeggio gewonnen hatte, und als Beweis dafür hatte ich zwei schwere Bronzemedaillen mit der Aufschrift „Conservatoire impérial de musique et de déclamation". Es stimmt, dass sie mir deswegen nicht besser zuhörten, aber ich war trotzdem von der Ehre gerührt.

Einige Jahre später erfuhr ich im Lauf der Dinge, dass Cham heimlich die schöne Dame aus der Rue Tarranne geheiratet hatte. Da ihm die Heirat etwas peinlich war, schickte er seinen Freunden zu ihrer großen Überraschung keine Ankündigungskarten. Als sie ihn danach fragten, antwortete er geistreich:

„Natürlich habe ich Ankündigungen verschickt … Sie waren anonym."

Trotz der äußersten Wachsamkeit meiner Mutter flüchtete ich eines Abends von zu Hause. Ich wusste, dass in der Opéra-Comique Berlioz' *L'Enfance du Christ aufgeführt wurde* und dass der große Komponist dirigieren würde. Ich konnte den Eintritt nicht bezahlen, aber ich hatte ein unwiderstehliches Verlangen, das Werk zu hören, zumal es eine Schöpfung Berlioz' war, der die Begeisterung aller unserer jungen Leute weckte. Also bat ich meine

Kameraden, die im Kinderchor sangen, mich aufzunehmen und mich bei ihnen verstecken zu lassen. Ich muss gestehen, dass ich insgeheim hinter die Kulissen eines Theaters schauen wollte.

Wie man sich vorstellen kann, war meine Mutter ziemlich verärgert über meinen Ausflug. Sie wartete bis nach Mitternacht auf mich ... Sie dachte, ich hätte mich in diesem riesigen Paris verlaufen.

Unnötig zu sagen, dass ich ordentlich ausgeschimpft wurde, als ich beschämt und verlegen hereinkam. Ich ertrug zwei Tränenstürme – wenn es wahr ist, dass der Zorn einer Frau wie der Regen im Wald zweimal fällt; dennoch kann das Herz einer Mutter Zorn nicht ewig ertragen – und ich ging beruhigt durch diesen Schrecken zu Bett. Trotzdem konnte ich nicht schlafen. Ich erinnerte mich an all die Schönheiten des Werks, das ich gerade gehört hatte, und vor meinem geistigen Auge sah ich wieder die große und eindrucksvolle Gestalt von Berlioz, wie er die großartige Aufführung meisterhaft dirigierte.

Mein Leben verlief glücklich und fleißig weiter, aber es war nicht von Dauer. Die Ärzte rieten meinem Vater, Paris zu verlassen, da ihm das Klima nicht bekam, und sich in Aix-les-Bains in Savoyen behandeln zu lassen. Meine Mutter und mein Vater folgten diesem Rat und gingen mit mir nach Chambéry. Meine künstlerische Karriere wurde unterbrochen, aber ich konnte nichts anderes tun.

Ich blieb zwei lange Jahre in Chambéry; dennoch war das Leben dort nicht eintönig. Ich verbrachte die Zeit mit klassischen Studien, abwechselnd mit eifriger Arbeit an Tonleitern und Arpeggios, Sexten und Terzen, als ob ich ein feuriger Pianist werden wollte. Ich trug mein Haar lächerlich lang, wie es bei jedem Virtuosen üblich war, und diese Ähnlichkeit harmonierte mit meinen Träumen. Es schien mir, dass wilde Haarsträhnen die Ergänzung des Talents waren.

Zwischendurch machte ich ausgedehnte Streifzüge durch die liebliche Landschaft Savoyens, die noch immer vom König des Piemont regiert wurde; manchmal ging ich zum Dent de Nicolet, manchmal bis nach Les Charmettes, jenem malerischen Wohnsitz, der durch den Aufenthalt von Jean Jacques Rousseau dort berühmt wurde.

Während meiner erzwungenen Beurlaubung stieß ich durch reinen Zufall auf einige Werke Schumanns, die damals in Frankreich und noch weniger im Piemont kaum bekannt waren. Ich werde nie vergessen, dass ich überall, wo ich hinkam, meinen Teil dazu beitrug, indem ich einige Stücke auf dem Klavier spielte. Manchmal spielte ich dieses exquisite Stück mit dem Titel *Au Soir* , und das brachte mir eines Tages diese einzigartige Einladung ein: „Kommen Sie und unterhalten Sie uns mit Ihrem Schumann mit seinen abscheulichen falschen Tönen." Es ist unnötig, meinen kindlichen Ausbruch bei diesen Worten zu wiederholen. Was würden die guten alten Leute von Savoyen sagen, wenn sie die Musik von heute hören könnten?

Aber die Monate vergingen und vergingen und vergingen ... bis ich eines Morgens, bevor die ersten Anzeichen des Tagesanbruchs über die Berge kamen, aus dem väterlichen Anwesen floh und ohne einen Sou oder Wechselkleidung nach Paris aufbrach. Nach Paris, der Stadt mit allen künstlerischen Attraktionen, wo ich mein geliebtes Konservatorium, meine Meister und die „Hinter den Kulissen" wiedersehen sollte, denn die Erinnerung an sie war noch immer bei mir.

Ich wusste, dass ich in Paris meine gute ältere Schwester finden würde, die mich trotz ihrer bescheidenen Mittel wie ihr eigenes Kind willkommen hieß und mir Kost und Logis anbot; eine sehr einfache Unterkunft und eine sehr schlichte Tafel, die jedoch durch den Zauber größter Freundlichkeit so entzückend wirkte, dass ich mich genau wie zu Hause fühlte.

Meine Mutter vergab mir unmerklich meine Flucht nach Paris.

Was für ein gutes, hingebungsvolles Wesen meine Schwester war! Leider starb sie am 13. Januar 1905, gerade als sie die fünfhundertste Aufführung von *Manon genießen wollte* , die am Abend ihres Todes stattfand. Nichts kann den Kummer ausdrücken, den ich empfand.

Innerhalb von zwei Jahren holte ich die in Savoyen verlorene Zeit nach und gewann einen Preis. Am 26. Juli 1859 erhielt ich einen ersten Preis für Klavier sowie einen für Kontrapunkt und Fuge.

Ich musste gegen zehn meiner Mitstudenten antreten und zufällig war mein Name die Nummer elf in der Reihenfolge. Alle Teilnehmer wurden im Foyer des Konzertsaals des Konservatoriums eingeschlossen, um zu warten, bis ihre Namen aufgerufen wurden.

Einen Moment lang war Nummer Elf allein im Foyer. Während ich wartete, bis ich an die Reihe kam, betrachtete ich respektvoll das Porträt von Habeneck, dem Gründer und ersten Dirigenten des Orchesters der Société des Concerts. In seinem linken Knopfloch blühte tatsächlich ein rotes Taschentuch. Wäre er Offizier der Ehrenlegion geworden und hätte mehrere Orden dazu erhalten, hätte er sicherlich keine Rosette, sondern eine Rose getragen.

Dann wurde ich angerufen.

Als Teststück diente das Konzert f-Moll von Ferdinand Hiller. Damals behauptete man, seine Musik sei der von Niels Gade so ähnlich, dass man sie für Mendelssohn halten würde.

Mein guter Meister M. Laurent blieb in der Nähe des Klaviers. Als ich fertig war – Konzert und Blattspiel –, umarmte er mich, ohne an das Publikum zu denken, das den Saal füllte, und ich fühlte, wie mein Gesicht von seinen Tränen feucht wurde.

Schon in diesem Alter hatte ich Angst vor dem Erfolg und bin mein Leben lang öffentlichen Proben und Premieren aus dem Weg gegangen, weil ich dachte, es sei besser, das Schlimmste zu erfahren ... und zwar so spät wie möglich.

Ich rannte wie ein Junge den ganzen Weg nach Hause, aber ich traf niemanden dort an, denn meine Schwester war zum Preiswettbewerb gegangen. Ich blieb jedoch nicht lange, denn ich beschloss schließlich, zum Konservatorium zurückzukehren. Ich war so aufgeregt, dass ich den ganzen Weg rannte. An der Ecke der Rue Sainte-Cécile traf ich meinen guten Kumpel Alphonse Duvernoy, dessen spätere Karriere als Lehrer und Komponist äußerst erfolgreich war, und ich fiel ihm in die Arme. Er erzählte mir, was ich vielleicht schon wusste, nämlich dass Monsieur Auber die Entscheidung der Jury bekannt gegeben hatte: „Monsieur Massenet erhält den ersten Preis für Klavier.“

Einer der Juroren war Henri Ravina, ein Meister, der zu meinen liebsten Freunden zählte, und ihm gelten meine Gedanken in aufrichtiger Dankbarkeit.

Ich berührte kaum den Boden, als ich von der Rue Bergère in die Rue de Bourgogne gelangte, wo mein ausgezeichneter Lehrer M. Laurent wohnte. Ich traf meinen alten Professor beim Mittagessen mit mehreren Generälen an, die seine Kameraden in der Armee gewesen waren.

Kaum hatte er mich erblickt, hielt er mir zwei Bände hin: die Orchesterpartitur von *Le Nozze di Figaro*, *dramma giocoso in quarti atti und* Messo *in musica dal Signor W. Mozart.*

Der Einband trug das Wappen von Ludwig XVIII. und die folgende Aufschrift in goldenen Lettern: „ *Menu plaisirs du Roi*“. *Königliche Schule für Musik und Deklamation. Wettbewerb von 1822. Erster Klavierpreis verliehen an M. Laurent.*

Mein verehrter Meister hatte auf die erste Seite geschrieben:

„Vor 37 Jahren habe ich, wie Du, mein Kind, den Klavierpreis gewonnen. Ich glaube nicht, dass es ein schöneres Geschenk gibt, das ich Dir machen könnte, als dieses mit meiner aufrichtigen Freundschaft. Mach weiter wie bisher. begonnen und Sie werden ein großer Künstler sein.

„Dies ist die Meinung der Jury, die Ihnen heute diese schöne Auszeichnung zuerkannt hat.

„Ihr alter Freund und Professor,

„LAURENT.“

Es war in der Tat eine feine Sache, dass ein angesehener Professor auf diese Weise zu einem jungen Mann sprach, der seine Karriere gerade erst begonnen hatte.

KAPITEL III

DER GRAND PRIX DE ROM

Ich hatte also den ersten Preis im Klavierspielen gewonnen. Zweifellos war ich ebenso glücklich wie stolz, aber es kam für mich nicht in Frage, von der Erinnerung an diese Auszeichnung zu leben. Die Notwendigkeiten des Lebens waren drängend, unerbittlich und verlangten nach etwas Realerem und vor allem Praktischerem. Ich konnte die Gastfreundschaft meiner lieben Schwester wirklich nicht länger annehmen, ohne meine persönlichen Ausgaben zu übernehmen. Um die Situation zu erleichtern, gab ich in einer armen kleinen Schule in der Nachbarschaft Unterricht in Solfeggio und Klavier. Der Ertrag war gering, aber die Arbeit war groß. So führte ich ein unsicheres und oft schwieriges Leben. Man bot mir die Stelle als Pianist in einem der großen Cafés in Belleville an; es war das erste Café, das Musik anbot, ein Konzept, das erfunden wurde, um die Kunden zu halten, wenn nicht zu zerstreuen. Das Lokal zahlte mir dreißig Francs im Monat!

Quantum mutatus .... Wie der Dichter könnte ich fragen: „Was hat sich seit damals geändert?" Heute brauchen selbst die jungen Schüler nur an einem Wettbewerb *teilzunehmen* , um ihre Bilder in die Zeitungen zu bringen, und schon zu Beginn ihrer Karriere werden sie zu großen Männern gesalbt. All dies wird von bacchantischen Zeilen begleitet, und sie können von Glück reden, wenn sie in ihrem erhabenen Triumph nicht das Wort „kolossal" hinzufügen. Das ist Ruhm; Vergöttlichung in all ihrer Bescheidenheit. 1859 wurden wir in keiner derartigen Weise verherrlicht.

Aber die Vorsehung – manche nannten es Schicksal – wachte über mich.

Ein Freund, der zu meiner großen Freude noch lebt, hat mir bessere Lektionen erteilt. Er war nicht wie so viele Freunde, die ich später kennenlernte, die immer Hilfe brauchen; die sich davonschleichen, wenn man in seiner Armut Trost sucht; die Freunde, die immer so tun, als hätten sie einen letzte Nacht gegen böswillige Angriffe verteidigt, um einem ihre guten Ansichten zu zeigen, einen aber gleichzeitig quälen, indem sie die verletzenden Worte wiederholen, die an einen gerichtet sind. Ich muss jedoch hinzufügen, dass ich wirklich echte Freundschaften hatte, wie ich in meinen Stunden der Erschöpfung und Entmutigung festgestellt habe.

Das Théâtre-Lyrique befand sich damals am Boulevard du Temple und stellte mir eine Stelle als Pauker in seinem Orchester zu. Dann ließ mich der gute Vater Strauss, der Orchesterleiter bei den Opernbällen, die Große Trommel, die Pauken, das Tamtam und alle anderen Klanginstrumente spielen. Es war furchtbar anstrengend, jeden Samstag von Mitternacht bis sechs Uhr morgens aufzubleiben, aber insgesamt schaffte ich es, achtzig Francs im Monat zu verdienen. Ich fühlte mich so reich wie ein Bankier und so glücklich wie ein Schuster.

Das Théâtre-Lyrique wurde von Alexander Dumas dem Älteren als Théâtre-Historique gegründet und von Adolphe Adam ins Leben gerufen.

Ich wohnte damals in der Rue de Ménilmontant Nr. 5, in einem riesigen Gebäude, das fast eine Stadt für sich war. Meine Nachbarn auf der Etage, nur durch eine schmale Trennwand getrennt, waren die Clowns – Männer und Frauen – des Cirque Napoléon, der in der Nähe unseres Hauses war.

Von meinem Dachfenster aus konnte ich – natürlich umsonst – den Duft des Orchesters genießen, der von den beliebten Konzerten herüberwehte, die Pasdeloup jeden Sonntag im Zirkus dirigierte. Das geschah jedes Mal, wenn das in dem überhitzten Saal zusammengedrängte Publikum laut nach Luft rief und die Flügelfenster im dritten Stock öffneten, um sich zu beruhigen.

Von meinem hohen Sitz - anders kann man es nicht nennen - applaudierte ich mit fieberhafter Freude der Ouvertüre des *Tannhäuser* , der *Symphonie fantastique* , kurz gesagt der Musik meiner Götter: Wagner und Berlioz.

Jeden Abend um sechs Uhr – das Theater begann sehr früh – ging ich über die Rue des Fossés-du-Temple, in der Nähe meines Hauses, zum Bühneneingang des Théâtre-Lyrique. Damals war die linke Seite des Boulevard du Temple eine einzige ununterbrochene Reihe von Theatern. Folglich ging ich an der Rückseite der Funambules, des Petit-Lazari, der Délassements-Comiques, des Cirque Impérial und des Gaîté entlang. Wer diese Ecke von Paris im Jahr 1859 nicht kannte, kann sich keine Vorstellung davon machen.

Die Rue des Fossés-du-Temple, zu der alle Bühnentüren führten, war eine Art Wunderland, wo alle Statisten, männlich und weiblich, aus allen Theatern in großen Scharen auf den schwach beleuchteten Bürgersteigen warteten. Die Atmosphäre war voller Ungeziefer und Mikroben. Sogar in unserem Théâtre-Lyrique war die Garderobe der Musiker nur ein alter Stall, in dem die Pferde für historische Stücke untergebracht waren.

Dennoch war meine Freude zu groß, um sie in Worte zu fassen, und ich fühlte, dass ich beneidenswert war, als ich in dem großartigen Orchester saß, das Deloffre dirigierte. Ach, diese *Faust* -Proben ! Mein Glück war unbeschreiblich, als ich von meiner kleinen Ecke aus unseren großen Gounod, der unsere Arbeit von der Bühne aus leitete, mit meinen Augen verschlingen konnte.

Später, wenn wir Seite an Seite aus den Sitzungen des Instituts kamen – Gounod wohnte am Place Malesherbes –, unterhielten wir uns oft über die Zeit, als *Faust* – inzwischen zum tausendsten Mal aufgeführt – in der Presse so viel Diskussions- und Kritikstoff bot, während das liebe Publikum – das sich selten täuscht – ihm Beifall zollte.

Vox Populi, vox Dei!

Ich erinnere mich auch, dass ich während meiner Zeit im Orchester bei den Aufführungen von Reyers „ *La Statue“ assistierte* , einer großartigen Partitur und einem enormen Erfolg.

Ich sehe Reyer noch immer in den Kulissen der Aufführungen, wie er den Feuerwehrmännern auswich und endlos Zigarren rauchte. Es war eine Gewohnheit, die er nicht aufgeben konnte. Eines Tages hörte ich ihn erzählen, wie er in Abbé Liszts Zimmer in Rom war. Die Wände waren mit religiösen Bildern bedeckt – Christus, die Jungfrau und die Heiligen – und er blies eine Rauchwolke aus, die den Raum erfüllte. Auf seine witzigen Entschuldigungen, die „erhabenen Personen“ zu belästigen, entlockte er dem großen Abbé folgende Antwort: „Nein“, sagte Liszt, „es ist immer Weihrauch.“

Sechs Monate lang vertrat ich unter denselben Arbeitsbedingungen einen meiner Orchesterkollegen am Théâtre-Italien.

So wie ich die bewundernswerte Mme. Miolan-Carvalho in *Faust gehört hatte* – hervorragender Gesang –, hörte ich jetzt Tragödien wie Penco und Frezzolini und Männer wie Mario, Graziani, Delle Sedie und den Buffo Zucchini.

Letzterer lebt nicht mehr und unser großer Lucien Fugère von der Opéra-Comique von heute erinnert mich fast genau an ihn. Er hat dieselbe kraftvolle Stimme und dieselbe perfekte künstlerische Komik.

Doch dann rückte die Zeit für den Wettbewerb des Instituts näher. Während unseres Aufenthalts *im* Institut mussten wir unsere Mahlzeiten für 25 Tage und auch die Miete für ein Klavier bezahlen. Ich kam dieser Schwierigkeit so gut wie möglich aus dem Weg; jedenfalls konnte ich sie verhindern. Trotzdem reichte das Geld, das ich beiseitelegen konnte, nicht aus, und auf den Rat eines Freundes hin (Rat geben und nach einem Rat handeln sind zwei völlig verschiedene Dinge) ging ich in ein Pfandhaus und verpfändete meine Uhr ... eine goldene. Sie schmückte meinen Anhänger seit dem Morgen meiner Erstkommunion. Leider muss sie leicht gewesen sein, denn sie boten mir nur ... sechzehn Francs!!! Mit dieser merkwürdigen Summe konnte ich jedoch meine Mahlzeiten bezahlen.

Aber der Preis für das Klavier war so exorbitant – zwanzig Francs! –, dass ich es mir nicht leisten konnte. Ich kam viel leichter ohne es aus, denn ich habe seine Hilfe beim Komponieren nie benötigt.

Ich hätte mir kaum vorstellen können, dass mich meine Nachbarn mit ihrem Hämmern auf ihren Klavieren und ihrem lauten Singen so belästigen würden. Es war unmöglich, meine Gedanken abzulenken oder ihrem Lärm zu entkommen, da ich kein Klavier hatte und außerdem die Flure unserer Dachkammern ungewöhnlich hallten.

Auf dem Weg zu den Samstagssitzungen der Académie des Beaux-Arts werfe ich oft einen traurigen Blick auf das vergitterte Fenster meiner Zelle; es ist vom Cour Mazarine aus rechts in einer Nische zu sehen. Ja, mein Blick ist traurig, weil ich hinter jenen alten Gittern die liebsten und ergreifendsten Erinnerungen meiner Jugend zurückgelassen habe und weil sie mich an die unglücklichen Zeiten meines langen Lebens denken lassen.

Beim Probewettbewerb 1863 wurde ich Prüfungserster und behielt den gleichen Platz im Chorwerk. Die erste Prüfung fand im großen Saal der École des Beaux-Arts statt, den man vom Quai Malaquais aus betritt.

Die endgültige Entscheidung fiel am nächsten Tag im Sitzungssaal der Académie des Beaux-Arts.

Meine Interpreten waren Mme. Van den Heuvel-Duprez, Roger und Bonnehée, alle drei von der Opéra. Mit solchen Künstlern musste ich triumphieren. Und das ist passiert!

Ich ging als Erster hinein – es gab sechs Mitbewerber – und da man sich zu dieser Zeit die Arbeiten der anderen Kandidaten nicht anhören konnte, schlenderte ich ziellos die Rue Mazarine hinunter ... über die Pont des Arts ... und schließlich in den quadratischen Hof des Louvre, wo ich mich auf einen der Eisensitze setzte.

Ich hörte es fünf Uhr schlagen. Ich war sehr aufgeregt. „Jetzt muss alles vorbei sein", sagte ich mir. Ich hatte richtig geraten, denn plötzlich sah ich unter dem Bogen drei Leute miteinander plaudern und erkannte Berlioz, Ambroise Thomas und Monsieur Auber.

An Flucht war nicht zu denken. Sie standen vor mir, als ob sie mir den Fluchtweg versperrten.

Ambroise Thomas, mein geliebter Meister, kam auf mich zu und sagte: „Umarme Berlioz, du schuldest ihm viel für deinen Preis."

„Der *Preis* ", rief ich verblüfft und mein Gesicht strahlte vor Freude. „Ich habe den Preis!!!" Ich war tief bewegt und umarmte Berlioz, dann meinen Meister und schließlich Monsieur Auber.

Monsieur Auber tröstete mich. Brauchte ich Trost? Dann sagte er zu Berlioz und zeigte auf mich:

„Er wird es weit bringen, der junge Schlingel, wenn er *weniger* Erfahrung hat!"

KAPITEL IV

DIE VILLA MEDICI

Die Gewinner des Grand Prix de Rome 1863 in den Kategorien Malerei, Bildhauerei, Architektur und Gravur waren Layraud und Monchablon, Bourgeois, Brune und Chaplain. Der Brauch verlangte – und das ist noch heute so –, dass wir alle zusammen in die Villa Medici fahren und Italien besuchen sollten. Was für ein verändertes und ideales Leben hatte ich jetzt! Der Finanzminister schickte mir sechshundert Francs und einen Pass im Namen Napoleons III., unterschrieben von Drouyns de Luys, dem Außenminister.

Anschließend traf ich meine neuen Gefährten und wir statteten den Mitgliedern des Instituts einen offiziellen Besuch ab, bevor wir zur Académie de France in Rom aufbrachen.

Am Tag nach Weihnachten begannen wir in drei offenen Waggons unsere offiziellen Besuche abzustatten, die uns in alle Pariser Viertel führten, in denen unsere Gönner lebten.

Die drei Waggons, vollgestopft mit jungen Männern, echten *Rapins* , fast hätte ich gesagt Gamins, verrückt vor Erfolg und berauscht von Gedanken an die Zukunft, verursachten auf den Straßen einen regelrechten Skandal.

Fast alle Herren des Instituts ließen ausrichten, dass sie nicht zu Hause seien, um eine Rede zu vermeiden. Herr Hirtoff, der berühmte Architekt, der in der Rue Lamartine wohnte, tat weniger Aufhebens und rief seinem Diener aus seinem Schlafzimmer zu: „Sagen Sie ihnen, ich bin nicht da.“

Ich erinnere mich, dass die Professoren früher ihre Schüler bis zum Ausgangspunkt der Diligencen in der Rue Notre-Dame-des-Victoires begleiteten. Eines Tages, als die schwere Diligence mit den Studenten auf dem Rücksitz - die billigsten Plätze, die sie dem ganzen Staub der Straße aussetzten - die lange Reise von Paris nach Rom antreten sollte, hörte man M. Couder, Louis Philippes Lieblingsmaler, eindringlich zu seinem besonderen Schüler sagen: „Vergessen Sie vor allem meinen Stil nicht.“ Dies war eine wunderbar naive Bemerkung, aber dennoch rührend. Er war der Maler, von dem der König sagte, nachdem er ihm einen Auftrag für das Museum in Versailles erteilt hatte: „M. Couder gefällt mir. Seine Zeichnung ist korrekt; seine Farbgebung stellt zufrieden und er ist nicht teuer.“

Ach, die guten, einfachen Zeiten, als Worte das bedeuteten, was sie zu bedeuten schienen, und Bewunderung gerecht war, ohne jenen vergötternden Bombast, der einem heute so gerne zuteilwird!

Ich brach mit der Gewohnheit und fuhr allein weiter, nachdem ich mich mit meinen Kameraden auf der Straße nach Genua verabredet hatte, wo ich sie in einer riesigen , von fünf Pferden gezogenen Kutsche einholen wollte. Meine Pläne waren, zuerst in Nizza Halt zu machen, wo mein Vater begraben war, und dann meine Mutter zu umarmen, die in Bordighera lebte. Sie hatte eine bescheidene Villa in angenehmer Lage in einem Palmenwald mit Blick aufs Meer. Ich verbrachte Neujahr, den Todestag meines Vaters, mit meiner Mutter, Stunden voller Zärtlichkeit. Viel zu schnell musste ich sie verlassen, denn meine freudigen Kameraden erwarteten mich in ihrer Kutsche auf der Straße der italienischen Corniche. Meine Tränen verwandelten sich in Lachen. So ist die Jugend!

Unser erster Halt war gegen acht Uhr abends in Loano.

Ich habe gestanden, dass ich fast heiter war, und das stimmt. Trotzdem war ich die Beute unbestimmter Gedanken; ich fühlte mich fast wie ein Mann, der von nun an allein im Leben war. Ich dachte über solche Gedanken nach, die vielleicht zu vernünftig für mein Alter waren, während Italiens blühende Mimosen, Zitronenbäume und Myrten mich mit ihren süßen, beunruhigenden Düften umgaben. Was für ein angenehmer Kontrast war das für mich, der bis dahin nur den sauren Geruch der Pariser Vororte, das zertrampelte Gras ihrer Festungsanlagen und den Duft – ich meine Duft – meiner geliebten Kulissen der Bühne gekannt hatte.

Wir verbrachten zwei Tage in Genua und besuchten den Campo Santo, den Friedhof der Stadt, der reich an Marmordenkmälern ist und angeblich der schönste Italiens ist. Wer kann danach noch leugnen, dass das Selbstwertgefühl auch nach dem Tod weiterbesteht?

Dann ging ich eines Morgens mit meinem Kaplan, dem berühmten Medaillongraveur und später meinem Mitbruder am Institut, auf dem Place du Dôme in Mailand spazieren. Wir teilten unsere Begeisterung vor der wunderbaren Kathedrale aus weißem Marmor, die der schreckliche Partisanenführer Jean Galeas Visconti der Jungfrau Maria als Buße für sein Leben geweiht hatte. „In dieser Epoche des Glaubens hüllte sich die Welt in weiße Gewänder", so sprach Bossuet, dessen bedeutungsvolle Beredsamkeit mir in Erinnerung kommt.

Wir waren völlig hingerissen von Leonardo da Vincis „Abendmahl". Wir fanden es in einer großen Halle, die den österreichischen Soldaten als Stall diente, und in die Mitteltafel des Bildes hatten sie eine Tür geschnitten – welch ein Graus! Abscheulichkeiten aller Abscheulichkeiten!

Das Meisterwerk verblasst allmählich. Mit der Zeit wird es ganz verschwunden sein, aber es ist nicht so leicht wegzutragen wie „La Giaconda" als die neun Meter hohe Wand, auf die es gemalt ist.

Wir fuhren durch Verona und machten die obligatorische Pilgerfahrt zum Grab von Julia, der Geliebten Romeos. Dieser Ausflug befriedigt die innersten Gefühle jedes jungen Mannes, der in die Liebe verliebt ist. Dann Wien, Padua, wo ich, als ich Giottos Gemälde zur Geschichte Christi betrachtete, die Ahnung hatte, dass Maria Magdalena eines Tages mein Leben bestimmen würde, und dann Venedig!

Venedig! Man hätte mir sagen können, dass ich noch am Leben sei, obwohl ich es nicht geglaubt hätte, so unwirklich waren die Stunden, die ich in dieser unvergleichlichen Stadt verbrachte. Da wir keinen Baedeker hatten – sein Führer war zu teuer für uns –, entdeckten wir alle Wunder Venedigs nur durch eine Art Wahrsagung ohne Wegbeschreibung.

Meine Begleiter bewunderten in einer Kirche, deren Namen sie nicht kannten, ein Gemälde von Palma Vecchio. Wie sollte ich es unter den neunzig Kirchen Venedigs finden? Ich stieg allein in meine Gondel und sagte meinem „Barcaiollo“, dass ich nach San Zacharie wollte; aber ich fand das Bild, eine Santa Barbara, nicht und ließ mich zu einer anderen Heiligen führen. Eine neue Täuschung! Als sich dies immer wieder wiederholte und kein Ende zu nehmen drohte, zeigte mir mein Gondoliere lachend eine andere Kirche – Allerheiligen – und sagte spöttisch zu mir: „Geh da hinein, du wirst deine bestimmt finden.“

Ich überspringe Pisa und Florenz, die ich später ausführlich beschreiben werde.

Als wir uns dem päpstlichen Territorium näherten, beschlossen wir, unserer Reise eine malerische Note zu verleihen, und statt Rom auf herkömmliche Weise über Ponte-Moll zu betreten, dem alten Zeugen der Niederlage von Maxentius und der Verherrlichung des Christentums, nahmen wir einen Dampfer von Livorno nach Civitta Vecchia. Es war die erste Seereise, die ich unternahm ... fast anständig, dank einiger Orangen, die ich ständig im Mund hatte.

Schließlich erreichten wir Rom mit der Eisenbahn von Civitta Vecchia in die Ewige Stadt. Es war Essenszeit für die Pensionäre, und sie waren verblüfft, uns zu sehen, denn wir hatten ihnen einen Feiertag gekostet, als wir unseren Bus auf der Via Flammia abholten. Unsere Begrüßung war spontan. In aller Eile wurde ein besonderes Abendessen organisiert, und damit begannen die Witze über Neuankömmlinge, die „ *Les Affreux Nouveaux* “ genannt wurden.

Als Musiker hatte ich die Aufgabe, mit einer Glocke in der Hand durch die zahlreichen Gänge der Villa Medici zu gehen, die jetzt in Dunkelheit getaucht waren, um zum Abendessen zu rufen. Da ich den Weg nicht kannte, fiel ich in einen Brunnen. Natürlich hörte die Glocke auf zu läuten, und die Gäste, die dem Klang lauschten und sich über den Spaß freuten, brachen in herzhaftes Gelächter aus, als der Lärm plötzlich aufhörte. Sie verstanden, was passiert war, und kamen, um mich herauszufischen.

Ich hatte meine erste Schuld beglichen, den Eintritt in die Villa Medici. Die Nacht sollte weitere Prüfungen bringen.

Das Esszimmer der Pensionäre, das ich am nächsten Tag so angenehm fand, verwandelte sich in eine Banditenhöhle. Die Bediensteten, die normalerweise die grüne Livree des Kaisers trugen, waren als Mönche verkleidet, mit kurzen Donnerbüchsen über den Schultern und Pistolen im Gürtel. Ihre falschen Nasen waren von einem Bildhauer modelliert und rot bemalt. Der Kieferntisch war weinbefleckt und mit Schmutz bedeckt.

Unsere Älteren machten stolze und hochmütige Gesichter , was sie jedoch nicht davon abhielt, uns auf ein Zeichen hin zu sagen, dass das Essen zwar einfach sei, aber alle in brüderlicher Eintracht lebten. Plötzlich, nach einer scherzhaft geführten Kunstdiskussion, entstand ein Tumult, und unter schrecklichem Geschrei flogen alle Teller und Flaschen durch die Luft.

Auf ein Zeichen eines der angeblichen Mönche herrschte augenblicklich Stille und wir hörten die Stimme des ältesten Rentners, Henner, der ernst sagte: „Hier herrscht alles Harmonie.“

Es war gut, dass wir wussten, dass wir die Zielscheibe von Witzen waren. Ich war ein wenig verlegen. Ich wagte nicht, mich zu bewegen, und saß mit gesenktem Kopf da und starrte auf den Tisch, auf dem ich den Namen von Herold las, dem Autor von *Pré aux Clercs* , der mit einem Messer zerschnitten wurde, als er in eben dieser Villa Medici Pensionär war.

KAPITEL V

DIE VILLA MEDICI

Wie ich es vorausgesehen und aus den bedeutungsvollen Blicken der Pensionäre schlussfolgerte, war für uns ein weiterer Scherz geplant, das Meisterwerk der Schikane. Kaum hatten wir den Tisch verlassen, als die Pensionäre sich in die riesigen Umhänge hüllten, die damals in Rom Mode waren, und uns zwangen, bevor wir uns in die uns zugewiesenen Zimmer zurückzogen, einen Spaziergang (war das wirklich nötig?) auf dem Forum zu machen, dem antiken Forum, das uns in all unseren Erinnerungen an die Schulzeit in Erinnerung geblieben war.

Wir wussten nichts über Rom bei Nacht, und auch nicht bei Tag, aber wir wanderten weiter, umgeben von unseren neuen Schulkameraden, die uns als Führer dienten. Es war eine Januarnacht und sehr dunkel, und das war günstig für die Pläne unserer Cicerones. Als wir uns dem Kapitol näherten, konnten wir die Umrisse der Tempel in den Senken des berühmten Campo Vaccino kaum erkennen. Ihre Reproduktionen im Louvre sind noch immer eines der Meisterwerke von Claude Lorrain.

Damals, unter der Herrschaft Seiner Heiligkeit Papst Pius IX., hatte man nicht einmal auf dem Forum mit offiziellen Ausgrabungen begonnen. Der berühmte Ort bestand nur aus einem Haufen Steine und Säulenschäften, die im Unkraut vergraben waren, auf dem Ziegenherden grasten. Diese hübschen Geschöpfe wurden von Ziegenhirten mit großen Hüten bewacht und in große schwarze Mäntel mit grünem Futter gehüllt, die übliche Kleidung der Bauern der römischen Campagna. Sie waren mit langen Spießen bewaffnet, um das wilde Vieh zu vertreiben, das in den Sümpfen von Ostia herumplantschte.

Unsere Gefährten ließen uns die Ruinen der Konstantinsbasilika durchqueren. Wir konnten gerade noch die riesigen Kassettengewölbe erkennen. Unsere Bewunderung verwandelte sich in Schrecken, als wir uns einen Moment später an einem Ort befanden, der vollständig von Mauern von unbeschreiblich kolossalen Ausmaßen umgeben war. In der Mitte dieses Ortes befand sich ein großes Kreuz auf einem aus Stufen gebildeten Sockel – eine Art Kalvarienberg. Als ich diesen Punkt erreichte, konnte ich meine Gefährten nicht mehr sehen und als ich mich umdrehte, stellte ich fest, dass ich allein inmitten des gigantischen Amphitheaters des Kolosseums war, in einer Stille, die mir furchterregend erschien.

Ich versuchte, einen Weg zu finden, der mich zurück auf die Straße führen würde, wo mich ein verspäteter, aber zufriedener Passant zur Villa Medici führen könnte. Aber meine Suche war vergebens. Ich war so erzürnt über meine fruchtlosen Versuche, dass ich vor Müdigkeit auf eine der Stufen des Kreuzes fiel. Ich weinte wie ein Kind. Das war durchaus verzeihlich, denn ich war völlig erschöpft.

Endlich kam das Tageslicht. Seine Strahlen zeigten mir, dass ich wie ein Eichhörnchen im Käfig im Kreis gelaufen war und nichts außer den Treppen zu den oberen Rängen gefunden hatte. Wenn man an die achtzig Ränge denkt, die zu Zeiten des kaiserlichen Roms hunderttausend Zuschauer fassten, hätte dieser Rundgang für mich leicht endlos sein können. Aber der Sonnenaufgang war meine Rettung. Nach ein paar Schritten war ich froh, dass ich wie der kleine Däumling, der sich im Wald verirrt hatte, dem Pfad folgte, der mich auf den richtigen Weg bringen würde.

Endlich erreichte ich die Villa Medici und bezog das Zimmer, das für mich reserviert worden war. Das Fenster ging auf die Avenue du Pincio hinaus; mein Horizont erstreckte sich über ganz Rom und endete in den Umrissen der Kuppel des Petersdoms im Vatikan. Der Direktor, M. Schnetz, ein Mitglied des Instituts, führte mich in mein Zimmer. Er war groß und hatte sich bereitwillig in einen geräumigen Morgenmantel gehüllt und eine griechische Mütze aufgesetzt, die wie der Morgenmantel mit prächtigen goldenen Quasten geschmückt war. M. Schnetz war der letzte jener Generation großer Maler, die eine besondere Ehrfurcht vor der Gegend um Rom hatten. Seine Studien und Bilder entstanden inmitten der Sabiner-Räuber. Sein starkes, entschlossenes Auftreten ließ ihn bei seinen abenteuerlichen Wanderungen von seinen Gastgebern respektiert und gefürchtet werden. Er war ein perfekter Vater für alle Kinder der Académie de France in Rom.

Die Glocke zum Mittagessen läutete. Diesmal war es der echte Koch, der sie läutete, und nicht ich, dem man am Abend zuvor so freundlich die Aufgabe übertragen hatte. Der Speisesaal hatte sein gemütliches, alltägliches Aussehen angenommen. Unsere Begleiter waren ausgesprochen herzlich. Die Diener waren nicht mehr die Pseudo-Mönche, die wir beim ersten Essen gesehen hatten. Ich erfuhr, dass ich nicht der Einzige war, der hereingelegt worden war.

Die Karnevalsfeierlichkeiten in Rom gingen mit ihren wilden bacchantischen Gelage gerade zu Ende. Sie waren zwar nicht so berühmt wie die in Venedig, aber sie waren ebenso schwungvoll und lebendig. Die Kulisse war eine ganz andere – majestätischer, wenn nicht sogar passender. Wir nahmen alle in einem großen Wagen teil, den unsere Architekten gebaut und unsere Bildhauer geschmückt hatten. Wir verbrachten den Tag damit, Konfetti und Blumen auf alle hübschen römischen Mädchen zu werfen, die uns mit bezaubernden Lächeln von ihren Palastbalkonen am Corso antworteten. Als

Michelet seine brillante und poetische Studie *La Femme* , die Fortsetzung seines *L'Amour* , *schrieb* , muss er sicherlich diese Art seltener, funkelnder und faszinierender Schönheit, wie wir sie im Leben sahen, im Geiste gehabt haben.

Welche Veränderungen haben sich in Rom vollzogen, seit diese unbekümmerte Freiheit und Fröhlichkeit die Regel waren! Die prächtigen italienischen Regimenter marschieren heute auf diesem Corso, und die Ladenzeilen gehören zum größten Teil deutschen Ladenbesitzern.

Fortschritt! Wie viele Schläge hast du?

Eines Tages erzählte uns der Direktor, dass Hippolyte Flandrin, der berühmte Führer der religiösen Bewegung in der Kunst des 19. Jahrhunderts, am Abend zuvor in Rom angekommen war und die Studenten treffen wollte.

Ich hätte nie gedacht, dass ich 46 Jahre später in meiner Rede als Präsident des Instituts und der Académie des Beaux Arts an diesen Besuch erinnern würde.

In dieser Rede sagte ich:

„Auf dem Pincio, gegenüber der Académie de France, steht ein kleiner sprudelnder Brunnen in Form einer antiken Vase, der sich unter einer Laube aus grünen Eichen mit seinen feinen Linien vom Horizont abhebt. Dort tauchte der große Künstler Hippolyte Flandrin, als er nach zweiunddreißig Jahren nach Rom zurückkehrte, vor dem Betreten des Tempels seine Finger wie in ein heiliges Taufbecken und bekreuzigte sich."

Die von Trauer erfüllten Künste, zu denen er so viel beigetragen hatte, gingen fast in dem Moment in Trauer, als wir uns auf den Weg machten, um ihm offiziell für seine Rücksichtnahme zu danken. Er lebte auf der Piazza della Spagna, in der Nähe der Villa Medici, wo er sein wollte. In der Kirche Santa Luigi della Francese legten wir auf seinem Sarg Lorbeerkränze aus dem Garten der Villa nieder, den er als Student so sehr geliebt hatte. Er war ein Kamerad in der Villa seines geliebten Musikers Ambroise Thomas, den er zum letzten Mal auf dem Höhepunkt seines Ruhms sah...

Einige Tage später brachen Falguière, Chaplain und ich nach Neapel auf, mit der Kutsche bis nach Palestrina, zu Fuß nach Terracina am südlichen Ende der Pontischen Sümpfe und dann wieder mit der Kutsche nach Neapel! …

KAPITEL VI

DIE VILLA MEDICI

Das waren für die jungen Künstler unvergessliche Zeiten, in denen wir unsere Begeisterung für alles teilten, was wir in diesen angenehm malerischen Dörfern sahen – eine malerische Atmosphäre, die heute sicherlich nicht mehr herrscht.

Wir wohnten in den primitivsten Gasthäusern. Ich erinnere mich, dass ich eines Nachts das Gefühl hatte, mein Nachbar auf dem Dachboden hätte die elende Hütte angezündet. Falguière hatte denselben Gedanken. Es war nur Einbildung. Es war das helle Sternenlicht, das durch die verfallene Decke schien.

Zampogna (eine Art rustikaler Dudelsack) eines Hirten, die eine Melodie erklingen ließ, die ich bald darauf auf einem Stück Papier notierte, das mir ein Benediktinermönch aus einem benachbarten Kloster geliehen hatte. Diese Takte wurden die ersten Noten von *Marie-Magdalene* , dem geistlichen Drama, das ich bereits für mein erstes Abenteuer plante.

Ich habe immer noch die Skizze, die Chaplain von mir gemacht hat.

Wie es in alten Zeiten der Pensionäre der Villa Medici üblich war, wohnten wir in Neapel in der Casa Combi, einem alten Haus mit Blick auf den Kai Santa Lucia. Der fünfte Stock war für uns reserviert. Es war eine alte Ruine mit einer rosa Rauputzfassade und Fenstern, die von Zierleisten umrahmt waren, die kleine Figuren bildeten und kunstvoll bemalt waren, wie man sie überall in Italien sieht, sobald man das Var überquert.

In einem großen Raum standen unsere drei Betten. Das Ankleidezimmer und der Rest befanden sich auf dem Balkon, wo wir nach örtlichem Brauch unsere Kleidung zum Trocknen aufhängten.

Um möglichst bequem zu reisen, hatten wir uns in Rom mit drei Anzügen aus weißem Flanell mit blauen Streifen ausgestattet.

Risum teneatis , wie der wunderbare Dichter Horaz gesagt hätte. Hören Sie sich zunächst Folgendes an.

Massenet in Egreville

Vom Augenblick unserer Ankunft am Bahnhof in Neapel an wurden wir von den Gendarmen mit überraschender Beharrlichkeit beobachtet. Auch die Passanten beobachteten uns mit größtem Erstaunen. Wir waren äußerst neugierig und fragten uns, was der Grund für all das war. Wir mussten nicht lange warten. Unsere Wirtin, Marietta, erzählte uns, dass die neapolitanischen Sträflinge fast genau die gleiche Tracht trugen. Das Gelächter, das diese Enthüllung auslöste, ließ uns die Ähnlichkeit noch vervollständigten. Also gingen wir ins Café Royal auf der Piazza S. Ferdinando, wobei wir drei unsere rechten Beine hinter uns herzogen, als wären sie wie die Sträflinge an eine Kugel und Kette gefesselt.

In unseren ersten Tagen in Neapel lebten wir fast in den Galerien des Borbonico-Museums. Dort waren die wunderbarsten Funde aus den Ruinen von Herculanum, Pompeji und dem benachbarten Stabies untergebracht. Wir waren erstaunt, hingerissen und entzückt von den endlosen und immer neuen Entdeckungen.

Nebenbei muss ich an unseren pflichtbewussten Aufstieg auf den Vesuv erinnern, dessen Rauchwolke wir in der Ferne sehen konnten. Wir kamen zurück mit unseren verbrannten Schuhen in den Händen und mit den Füßen in Flanell gehüllt, den wir in Torre del Greco gekauft hatten.

Wir nahmen unsere Mahlzeiten in Neapel am Strand am Quai Santa Lucia ein, fast gegenüber unserem Haus. Für zwölf Grani, etwa acht Sous, bekamen wir eine exquisite Schalentiersuppe, in einem Öl gebratenen Fisch, das seit mindestens zwei oder drei Jahren für diesen Zweck verwendet wurde, und ein Glas Capri-Wein.

Dann machten wir Spaziergänge nach Castellammare am Ende des Golfs von Neapel, wo wir eine wunderbare Aussicht genossen, und nach Sorrent, wo es so viele Orangenbäume gibt, dass die Stadtarme in Form einer Krone aus Orangenblättern ineinander verflochten sind. In Sorrent sahen wir, wo Tasso geboren wurde – der berühmte italienische Dichter, der unsterbliche Autor von „Das befreite Jerusalem".

Eine einfache Terrakotta-Büste schmückt die Vorderseite dieses halb verfallenen Hauses! Von dort nach Amalfi, das einst hinsichtlich seines Handelsvolumens beinahe ein Rivale Venedigs war.

Wenn Napoleon den Juckreiz bekam, als er den Waffenschwamm eines schmutzigen Artilleristen berührte, müssen wir der Wahrheit gestehen, dass wir am Morgen, nachdem wir die Nacht dort verbracht hatten, alle drei von Läusen bedeckt waren. Wir mussten uns die Köpfe rasieren lassen, was unsere Ähnlichkeit mit Sträflingen noch verstärkte.

Wir wurden einigermaßen über dieses Abenteuer getröstet, indem wir nach Capri segelten. Wir verließen Amalfi um vier Uhr morgens, erreichten Capri jedoch erst um zehn Uhr abends. Die Insel ist entzückend und die Aussicht bezaubernd. Der Gipfel des Monte Solaro liegt 1800 Fuß über dem Meer und hat einen Umfang von etwa 9,5 Meilen. Die Aussicht ist eine der schönsten und umfassendsten in ganz Italien.

Auf dem Weg nach Capri wurden wir von einem fürchterlichen Sturm überrascht. Das Boot war mit einer großen Menge Orangen beladen und die wilden Wellen rissen alles weg, zur großen Verzweiflung der Seeleute, die sich gegenseitig in ihren Rufen nach dem heiligen Josef, dem Schutzpatron von Neapel, übertönten.

Es gibt eine schöne Legende, wonach der heilige Josef, betrübt über die Abreise Jesu und der Jungfrau Marias in den Himmel, seinem Sohn befahl, zu ihm zurückzukehren. Jesus gehorchte und kehrte mit allen Heiligen ins

Paradies zurück. Auch die Jungfrau kehrte in Begleitung von elftausend Jungfrauen unter das Dach der Ehe zurück. Als der Herr sah, dass das Paradies auf diese Weise entvölkert wurde, und er den heiligen Josef nicht ins Unrecht setzen wollte, erklärte er, dass dieser der Stärkere sei, und so wurde der Himmel mit seiner Erlaubnis wieder bevölkert. Die Verehrung der Neapolitaner für den heiligen Josef ist überraschend, wie das folgende Detail veranschaulicht.

Im 18. Jahrhundert waren die Straßen Neapels alles andere als sicher, und es war gefährlich, sie nachts zu durchqueren. Der König ließ an den schlimmsten Ecken Laternen aufstellen, um den Passanten Licht zu geben, aber die *Birbanti* zerbrachen sie, da sie fanden, dass sie sie bei ihren nächtlichen Aktivitäten behinderten . Daraufhin kam jemand auf die Idee, neben jede Laterne ein Bild des Heiligen Josef zu stellen, und von da an wurden sie zur großen Freude des Volkes verehrt.

Auf Capri zu sein und zu leben ist das idealste Leben, das man sich erträumen kann. Von dort brachte ich Seite um Seite der Werke mit, die ich später schreiben wollte.

Im Herbst waren wir wieder in Rom.

Damals schrieb ich meinem geliebten Meister Ambroise Thomas Folgendes:

„Letzten Sonntag veranstaltete Bourgault ein Fest, zu dem er zwanzig Transtévérins und Transtévérines sowie sechs Musiker, ebenfalls aus der Transtérvère, einlud. Alle in Kostümen!

„Das Wetter war schön und die Szenerie einfach wundervoll, als wir im ‚Bosco‘ waren, meinem heiligen Hain. Die untergehende Sonne erleuchtete die alten Mauern des antiken Roms. Die Unterhaltung endete in Falguières Atelier, lighted *a giorno* , unser Werk. Dort wurde der Tanz so fesselnd und berauschend, dass wir vis-à-vis der Transtévérines im abschließenden *Salturrele endeten* . Alle rauchten, aßen und tranken – den Frauen gefiel besonders unser Punsch.“

Eine der großartigsten und aufregendsten Zeiten meines Lebens stand bevor. Es war Heiligabend. Wir machten einen Ausflug, um die Mitternachtsmessen in den Kirchen zu besuchen. Die nächtlichen Zeremonien in Sainte Marie Majeure und in Saint Jean de Latran beeindruckten mich am meisten. Hirten mit ihren Herden, Kühen, Ziegen, Schafen und Schweinen standen auf dem öffentlichen Platz, als wollten sie den Segen des Erlösers empfangen, und erinnerten auf diese Weise an seine Geburt in einer Krippe. Die rührende Einfachheit dieser Glaubensvorstellungen berührte mich wirklich, und ich betrat Sainte Marie Majeure in Begleitung einer schönen Ziege, die ich umarmte und die mich nicht verlassen wollte. Dies überraschte in keiner Weise die Menge der Männer und Frauen, die sich in dieser Kirche drängten und auf diesen wunderschönen Mosaikböden zwischen einer doppelten Reihe von Säulen knieten – Reliquien aus den alten Tempeln.

Am nächsten Tag – einem Tag, der mit einem Kreuz markiert werden sollte – kam ich auf der Treppe mit ihren dreihundert Stufen, die zur Kirche von Ara Coeli führt, an zwei Frauen vorbei, offensichtlich modischen Ausländerinnen. Besonders entzückt war ich von der Erscheinung der Jüngeren. Einige Tage später war ich bei Liszt, der sich auf seine Priesterweihe vorbereitete, und erkannte unter den Besuchern des berühmten Meisters die beiden Frauen wieder, die ich in Ara Coeli gesehen hatte.

Ich erfuhr fast sofort, dass die Jüngere mit ihrer Familie zu einer Besichtigungstour nach Rom gekommen war und dass sie Liszt empfohlen worden war, damit er ihr einen Musiker aussuchen konnte, der in der Lage war, ihr Studium zu leiten. Sie wollte ihr Studium nicht unterbrechen, während sie nicht in Paris war. Liszt schlug mich sofort vor. Ich war Pensionär an der Académie de France und sollte dort arbeiten, so dass ich meine Zeit nicht dem Unterricht widmen wollte. Der Charme des jungen Mädchens überwand jedoch meine Abneigung.

Sie haben vielleicht schon erraten, dass dieses schöne Mädchen diejenige war, die zwei Jahre später meine Frau werden sollte, die stets aufmerksame, oft besorgte Gefährtin meines Lebens, die Zeugin meiner Schwächen ebenso wie meiner Energieschübe, meiner Sorgen und meiner Freuden. Mit ihr bin ich die Stufen des Lebens hinaufgestiegen, die schon lang waren, aber nicht so steil wie jene, die zu Ara Coeli führten, jenem Altar des Himmels, der Rom an die reinen und wolkenlosen himmlischen Wohnstätten erinnert, die mich auf einen manchmal schwierigen Weg geführt haben, auf dem die Rosen inmitten von Dornen gepflückt wurden. Aber ist das Leben nicht immer so?

Im darauffolgenden Frühjahr fand das jährliche Fest der Pensionäre statt, das wie üblich in Castel Fusano auf der römischen Campagna stattfand, ein paar Meilen von Ostia entfernt in einem herrlichen Kiefernwald, der durch eine Allee schöner immergrüner Eichen geteilt wurde. Ich brachte eine so angenehme Erinnerung an diesen Tag mit, dass ich meiner Verlobten und ihrer Familie empfahl, diesen unvergleichlichen Ort kennenzulernen.

Auf dieser herrlichen, mit alten Marmorplatten gepflasterten Allee musste ich an die Geschichte von Gaston Boissier in seinen „Promenades Archelogiques" denken, in der es um Nisus und Euraylus geht, jene unglücklichen jungen Männer, die Volscens in den Untergang schickte, als er aus Laurentium kam, um einen Teil seiner Truppen nach Turnus zu bringen.

Der Gedanke, dass mein zweijähriger Aufenthalt im Dezember zu Ende sein würde und ich die Villa Medici verlassen und nach Frankreich zurückkehren müsste, machte mich äußerst traurig. Ich wollte Venedig wiedersehen. Ich blieb zwei Monate dort und schrieb während dieser Zeit die Skizze meiner ersten *Suite d'Orchestra* .

Ich bemerkte die seltsamen und schönen Töne der österreichischen Trompeten, die jeden Abend erklangen, wenn die Tore für die Nacht geschlossen wurden. Und ich verwendete sie 25 Jahre später im vierten Akt von *Le Cid* .

Meine Kameraden verabschiedeten sich am 17. Dezember von mir, nicht nur beim letzten traurigen Abendessen an unserer großen Tafel, sondern auch abends auf dem Bahnhof. Ich hatte den Tag dem Packen gewidmet und dabei nachdenklich auf das Bett geblickt, in dem ich nie wieder schlafen würde.

Alle Andenken an meine zwei Jahre in Rom – Palmen vom Palmsonntag, eine Trommel von der Transtévère, meine Mandoline, eine hölzerne Jungfrau, ein paar Zweige und Äste aus dem Garten der Villa, alle meine Andenken an eine Vergangenheit, die mich immer begleiten würde – kamen zusammen mit meinen Kleidern in meinen Koffer. Die Beförderung bezahlte die französische Botschaft.

Ich wollte mein Fenster nicht verlassen, bis die untergehende Sonne hinter dem Petersdom verschwunden war. Es schien, als ob Rom seinerseits im Schatten Zuflucht suchte – einem Schatten, der mir Lebewohl sagte .

KAPITEL VII MEINE

RÜCKKEHR NACH PARIS

Meine Kameraden begleiteten mich zum Bahnhof „dei Termini", ganz in der Nähe der Ruinen des Diokletian. Sie gingen erst, nachdem wir uns herzlich umarmt hatten, und sie blieben, bis mein Zug hinter dem Horizont verschwand. Glückliche Wesen! Sie würden diese Nacht in der Académie schlafen, während ich allein war, hin- und hergerissen von den Gefühlen des Abschieds, betäubt von der scharfen, eisigen Dezemberkälte, eingehüllt in Erinnerungen und, wenn mir nicht die Müdigkeit half, nicht in der Lage zu schlafen. Am nächsten Tag war ich in Florenz.

Ich wollte diese Stadt mit den reichsten Kunstsammlungen Italiens wiedersehen. Ich ging zum Palazzo Pitti, einem der Wunder von Florenz. Als ich durch die Galerien ging, hatte ich das Gefühl, nicht allein zu sein, sondern die lebendige Erinnerung an meine Kameraden bei mir zu haben, als wäre ich Zeuge ihrer Begeisterung und ihres Entzückens angesichts all der Meisterwerke, die in diesem prächtigen Palast aufgetürmt waren. Ich sah wieder die Tizianer, die Tintorettos, die Werke von Leonardo, die Veroneser, die Michelangelo und die Raffaels.

Mit welch entzückt entzückten Augen bewunderte ich erneut diesen unschätzbaren Schatz, Raffaels Meisterwerk der Malerei, die „Madonna della sedella", dann die „Versuchung des heiligen Antonius" von Salvator Rosa im Saal des Odysseus und im Saal der Flora Canovas „Venus", die auf einem drehbaren Sockel montiert ist. Ich studierte auch die Werke von Rubens, Rembrandt und Van Dyck.

Vom Palazzo Pitti aus bewunderte ich erneut den Palazzo Strozzi, den schönsten Typ eines Florentiner Palastes. Sein Gesims, das Simon Pollajo zugeschrieben wird, ist das schönste, das die Neuzeit kennt. Neben dem Palazzo Pitti sah ich noch einmal die Buboli-Gärten, die von Tribolo und Buontalenti entworfen wurden.

Ich beendete den Tag mit einem Spaziergang im sogenannten Bois de Boulogne de Florence, der Cascine-Promenade, am Westtor von Florenz, zwischen dem rechten Ufer des Arno und der Eisenbahn. Es ist der Lieblingsspaziergang der eleganten und mondänen Welt von Florenz, der Stadt, die das Athen Italiens genannt wird. Ich erinnere mich, dass es bereits Abend war und da ich meine Uhr nicht dabei hatte – ich hatte sie im Hotel gelassen – fragte ich einen Bauern, den ich auf der Straße traf, wie spät es sei. Die Antwort, die ich erhielt, war so poetisch formuliert, dass ich sie nie vergessen werde: „ *Sono le sette, l'aria ne treme ancor!...* "

„Es ist sieben Uhr. Die Luft bebt noch immer vom Geräusch."

Ich verließ Florenz, um meine Reise über Pisa fortzusetzen.

Pisa erschien mir so entvölkert, als ob es von der Pest heimgesucht worden wäre. Wenn man bedenkt, dass es im Mittelalter ein Rivale von Genua, Florenz und Venedig war, ist man über die relative Trostlosigkeit, die es umgibt, erstaunt. Ich blieb fast eine Stunde allein auf der Piazza del Duomo und betrachtete neugierig die Meisterwerke, die dort ihre künstlerische Schönheit entfalten, die Kathedrale oder den Dom von Pisa, den Campanile, besser bekannt als der Schiefe Turm, und schließlich das Baptisterium.

Zwischen dem Dom und der Baptistière erstreckt sich der Campo Santo, der berühmte Friedhof. Die Erde für diesen Friedhof wurde aus Jerusalem gebracht.

Es schien mir, als würde der Schiefe Turm, anders als der Campanile von Venedig, nur warten, bis ich vorbei war, um dann tödliche Zerstörung über mich zu bringen. Im Gegenteil, es scheint, als sei der Turm, der Galileo bei seinen berühmten Experimenten zur Gravitation half, nie sicherer gewesen. Das wird durch die Tatsache bewiesen, dass die sieben großen Glocken, die mehrmals am Tag mit voller Kraft läuten, die Stärke dieses merkwürdigen Bauwerks nie beeinträchtigt haben.

Hier komme ich zum interessantesten Teil meiner Reise – nachdem ich Pisa verlassen hatte, eingezwängt unter dem Dach der Postkutsche, die den Ufern des Mittelmeers folgte, über Spezzia bis nach Genua. Was für eine unwirkliche Reise war das für mich auf der alten Römerstraße auf den Felsen, die das Meer überblicken! Ich reiste, als wäre ich im Wagen eines launischen Ballons.

Die Straße verlief die ganze Zeit am Meer entlang, führte manchmal durch Olivenwälder, dann wieder hinauf über die Bergkuppen und von dort aus über einen weiten Horizont.

Überall war es malerisch, immer wieder boten sich auf diesem Weg erstaunliche Ausblicke. So wie ich im Licht eines prächtigen Mondes reiste, war es in seiner Ursprünglichkeit am schönsten, mit seinen Dörfern, in denen man manchmal ein erleuchtetes Fenster in der Ferne sah, und diesem Meer, in das man bis in unergründliche Tiefen blicken konnte.

Es kam mir vor, als hätte ich auf dieser Reise noch nie so viele Ideen und Projekte angesammelt. Ich war besessen von dem Gedanken, in wenigen Stunden wieder in Paris zu sein und mein Leben würde erst richtig beginnen.

Ich reiste mit der Bahn von Genua nach Paris. Wenn man jung ist, schläft man so gut! Ich wachte zitternd auf. Es war eiskalt. Die schneidende Kälte der Nacht hatte die Autofenster mit frostigen Ornamenten bedeckt.

Wir fuhren an Montereau vorbei und Paris war fast in Sicht! Ich konnte mir damals nicht vorstellen, dass ich einige Jahre später ein Sommerhaus in diesem Land in der Nähe von Égreville besitzen würde.

Welch ein Kontrast zwischen dem wunderschönen Himmel Italiens, jenem ewig schönen Himmel, den die Dichter besingen, den ich gerade verlassen hatte, und dem, den ich wiedersah, so dunkel, grau und düster!

Nachdem ich meine Reise und ein paar kleinere Ausgaben bezahlt hatte, blieb mir die Summe von … zwei Francs in der Tasche!

Wie glücklich war ich, als ich das Haus meiner Schwester erreichte! Und was für ein unerwartetes Glück!

Es regnete in Strömen und meine kostbaren zwei Francs gingen für den Kauf des unverzichtbaren *Vademecums drauf*, eines Regenschirms. Während meines gesamten Aufenthalts in Italien hatte ich keinen gebraucht. Geschützt vor dem Wetter ging ich zum Finanzministerium, wo ich, wie ich wusste, mein Taschengeld für das erste Quartal des neuen Jahres finden würde. Zu dieser Zeit genossen die Inhaber des Grand Prix eine Rente von dreitausend Francs pro Jahr. Ich hatte noch drei Jahre lang Anspruch darauf. Was für ein Glück!

Der gute Freund, den ich bereits erwähnte, war vor meiner Rückkehr gewarnt worden und hatte mir ein Zimmer im fünften Stock der Rue Taitbout Nr. 14 gemietet. Von der ruhigen und stillen Schönheit meines Zimmers in der Académie war ich mitten in das geschäftige, laute Paris geraten.

Ambroise Thomas stellte mich wohlhabenden Freunden vor, die berühmte musikalische Abendunterhaltungen veranstalteten. Dort sah ich zum ersten Mal Léo Delibes, dessen Ballett *La Source* ihm bereits an der Oper großen Ruf eingebracht hatte. Ich sah ihn einen entzückenden Chor dirigieren, der von eleganten Damen gesungen wurde, und ich flüsterte mir zu: „Auch ich werde einen Chor schreiben. Und er wird gesungen werden." Das wurde er tatsächlich, aber von vierhundert Männerstimmen. Ich hatte den ersten Preis beim Wettbewerb der Stadt Paris gewonnen.

Aus dieser Zeit stammt meine Bekanntschaft mit dem Dichter Armand Silvestre. Durch Zufall war er mein Nachbar auf dem Dach eines Omnibusses, und wie eins zum anderen kam, wurden wir beste Freunde. Er sah, dass ich ein guter Zuhörer war, und erzählte mir einige der drolligsten und unanständigsten Geschichten, in denen er brillierte. Aber meiner Meinung nach war der Dichter dem Geschichtenerzähler überlegen, und einen Monat später hatte ich das *Poème d'Avril geschrieben*, inspiriert von den exquisiten Versen seines ersten Buches.

Wenn ich vom *Poème d'Avril spreche*, erinnere ich mich an den guten Eindruck, den es auf Reyer machte. Er drängte mich, es einem Verleger zu überlassen.

Mit einem allzu schmeichelhaften Brief von ihm bewaffnet, ging ich zu Choudens, dem er mich empfahl. Nach vier vergeblichen Versuchen wurde ich schließlich vom reichen Verleger von *Faust empfangen* . Aber ich durfte nicht einmal mein kleines Manuskript vorzeigen. Ich wurde sofort hinausgeführt. Die gleiche Art von Empfang erwartete mich bei Flaxland, dem Verleger am Place de la Madeleine, und auch bei Brandus, dem Besitzer von Meyerbeers Werken. Ich hielt das für ganz natürlich, denn ich war völlig unbekannt.

Als ich (nicht allzu enttäuscht) mit meinen Noten in der Tasche in den fünften Stock der Rue Taitbout zurückkehrte, sprach mich ein blonder, großer junger Mann mit freundlichem, intelligentem Gesicht an und sagte zu mir: „Gestern habe ich hier in der Nähe am Boulevard de la Madeleine ein Musikgeschäft eröffnet . Ich weiß, wer Sie sind, und bin bereit, alles zu veröffentlichen, was Sie möchten." Es war Georges Hartmann, mein erster Verleger.

Ich brauchte nur meine Hand aus der Tasche zu nehmen und ihm das *Poème d'Avril zu geben* , das anderswo gerade so schlecht aufgenommen worden war.

Es stimmt, dass ich nichts daraus gemacht habe, aber wie viel hätte ich dafür gegeben, wenn es veröffentlicht worden wäre. Ein paar Monate später sangen Musikliebhaber:

Qu'on passe en aimant!

Was für eine kurze Stunde es ist

Ich besaß zwar noch weder Ehre noch Geld, aber ich hatte auf jeden Fall eine Menge Ermutigung.

In Paris wütete die Cholera. Ich erkrankte und die Nachbarn hatten Angst, nach mir zu sehen. Ambroise Thomas erfuhr jedoch von meiner gefährlichen Krankheit und meiner hilflosen Not und besuchte mich in Begleitung seines Arztes, des Leibarztes des Kaisers, in meinem Zimmer. Diese mutige und väterliche Tat meines geliebten Herrn berührte mich so sehr, dass ich im Bett ohnmächtig wurde. Ich muss hinzufügen, dass diese Krankheit nur vorübergehend war und dass ich zehn Klavierstücke vollendete, für die mir der Verleger Girod zweihundert Francs zahlte. Ein Louis pro Seite! Diesem wohlwollenden Verleger verdankte ich das erste Geld, das ich mit Musik verdiente.

Der Gesundheitszustand von Paris verbesserte sich.

Am 8. Oktober habe ich in der kleinen alten Kirche im Dorf Avon in der Nähe von Fontainebleau geheiratet.

Der Bruder meiner Frau und mein neuer Cousin, der berühmte Violinist Armingaud, der Gründer des berühmten Quartetts, waren meine Trauzeugen. Es gab jedoch auch andere. Ein Schwarm Spatzen kam durch ein zerbrochenes Fenster herein und übertönte sich gegenseitig, so dass wir die Worte des guten Pfarrers kaum hören konnten.

Seine Worte waren eine freundliche Hommage an meinen neuen Begleiter und eine Ermutigung für meine noch ungewisse Zukunft.

Nach der Trauung spazierten wir durch den wunderschönen Wald von Fontainebleau. Dort glaubte ich, inmitten der Pracht der Natur, die in den warmen Strahlen der hellen Sonne grün und violett leuchtete und vom Gesang der Vögel gestreichelt wurde, die Worte des großen Dichters Alfred de Musset zu hören:

„ Liebe dich und hilf dir, Blume für Blume zu schenken. "

Wir verließen Avon, um eine Woche am Meer zu verbringen, in bezaubernder Einsamkeit *zu zweit* , oft der beneidenswertesten Einsamkeit. Während ich dort war, korrigierte ich die Druckfahnen des *Poème d'Avril* und der zehn Klavierstücke.

Um Korrekturfahnen zu korrigieren! Um meine Musik im Druck zu sehen! Hatte meine Karriere als Komponist wirklich begonnen?

KAPITEL VIII

MEIN DEBUT IM THEATER

Nach meiner Rückkehr nach Paris lebte ich mit der Familie meiner Frau in einem schönen Appartement, dessen Helligkeit das Auge erfreute und die Gedanken bezauberte. Ambroise Thomas ließ mir ausrichten, dass die Direktoren der Opéra-Comique, Ritt und de Lewen, mir auf seine Bitte hin ein Einakterwerk anvertrauen wollten. Es handelte sich um *La Gran'Tante*, eine Opéra-Comique von Jules Adenis und Charles Grandvallet.

Das war ein unglaubliches Glück, das mich fast überwältigte. Heute bedauere ich, dass ich damals nicht so viel von mir in das Werk einbringen konnte, wie ich es mir gewünscht hätte. Die Vorproben begannen im nächsten Jahr. Wie stolz war ich, als ich die ersten Probenankündigungen erhielt und auf der berühmten Bühne an demselben Platz saß, auf dem schon Boïeldieu, Herold, M. Auber, Ambroise Thomas, Victor Massé, Gounod und Meyerbeer gestanden hatten!...

Ich war dabei, die Prüfungen eines Autors kennenzulernen. Aber es hat mir so viel Freude bereitet!

Ein erstes Werk ist das erste Ehrenkreuz. Eine erste Liebe.

Ich hatte alles außer dem Kreuz.

Die erste Besetzung bestand aus: Marie Roze, in all der Pracht ihrer jugendlichen Schönheit und ihres Talents, Victor Capoul, dem Idol des Publikums, und Mlle. Girard, der temperamentvollen Sängerin und Schauspielerin, der Freude der Opéra-Comique.

Wir waren bereit, auf die Bühne zu gehen, als die Besetzung durcheinander geriet. Marie Roze wurde mir weggenommen und durch eine siebzehnjährige Anfängerin ersetzt, Marie Heilbronn, die Künstlerin, der ich siebzehn Jahre später die Schaffung von *Manon anvertrauen sollte*.

Bei der ersten Probe mit dem Orchester bekam ich gar nicht mit, was vor sich ging, so sehr war ich vertieft in das Lauschen auf dieses und jenes, ja auf die ganze Klangfülle des Werkes, dass mich das jedoch nicht daran hinderte, jedem zu sagen, dass ich rundum zufrieden und erfreut war.

Ich hatte den Mut, die Uraufführung zu besuchen – hinter den Kulissen, was mich an Berlioz' „*L'Enfance du Christ*" erinnerte, dem ich heimlich beigewohnt hatte.

Der Abend war aufregend und unterhaltsam zugleich.

Ich verbrachte den ganzen Nachmittag in fieberhafter Aufregung.

Bei jedem Plakat blieb ich stehen und betrachtete die faszinierenden Worte, die so voller Verheißung steckten:

Uraufführung von *La Grand'Tante*
Opéra-Comique in einem Akt

Ich musste warten, bis ich die Namen der Autoren lesen konnte. Das würde erst mit der Ankündigung der zweiten Aufführung passieren.

Wir dienten als Vorspiel für den damaligen großen Erfolg „ *La Voyage en Chine* " von Labiche und François Bazin.

Ich war eine kurze Zeit lang Schüler des letzteren am Konservatorium gewesen. Seine Pilgerreisen ins Land der Himmlischen hatten seinem Unterricht nicht jene harte, unfreundliche Art genommen, unter der ich bei ihm litt, und ich verließ seine Klasse einen Monat nach meinem Eintritt in Harmonie. Ich ging in die Klasse von Henri Reber am Institut. Er war ein großartiger, erlesener Musiker, aus der Gattung der Meister des 18. Jahrhunderts. Seine ganze Musik weckte angenehme Erinnerungen.

An einem schönen Freitagabend im April hob sich um halb acht der Vorhang in der Opéra-Comique. Ich saß in den Kulissen neben meinem lieben Freund Jules Adenis. Mein Herz klopfte vor Angst, ergriffen von jenem Geheimnis, dem ich mich für die erste Melodie mit Leib und Seele hingab, wie einem unbekannten Gott. Heute erscheint mir das ein wenig übertrieben, ein wenig kindisch.

Das Stück hatte gerade begonnen, als wir ein Gelächter aus dem Publikum hörten. „Hören Sie, *mon ami*, was für ein großartiger Anfang", sagte Adenis. „Das Publikum ist amüsiert."

Das Publikum war tatsächlich amüsiert, aber Folgendes geschah. Die Szene begann in der Bretagne in einer stürmischen, stürmischen Nacht. Mlle. Girard hatte sich dem Publikum zugewandt und ein Gebet gesungen, als Capoul eintrat und diese Worte aus dem Text sprach:

„Was für ein Land! Was für eine Wildnis! Keine Menschenseele in Sicht!", rief er, als er Mlle. Girards Rücken sah:

„Endlich... Da ist ein Gesicht!"

Er hatte diesen Ausdruck kaum ausgesprochen, als das schallende Gelächter losbrach, das wir gehört hatten.

Das Stück ging jedoch ohne weitere Zwischenfälle weiter.

Sie gaben Mlle eine Zugabe. Girards Lied „ *Les filles de la Rochelle* ".

Sie applaudierten Capoul und bereiteten dem jungen Debütanten aus Heilbronn einen herzlichen Empfang.

Die Oper endete mit beifälligem Applaus, woraufhin der Bühnenmanager herauskam, um die Namen der Autoren zu verkünden. In diesem Moment lief eine Katze über die Bühne. Dies sorgte für erneute Heiterkeit, die so groß war, dass die Namen der Autoren nicht gehört wurden.

Es war ein Tag der Pannen . Zwei Unfälle am selben Abend ließen einen Misserfolg des Stücks befürchten. Doch es war nichts dabei, und die Presse zeigte sich wirklich nachsichtig. Sie legte ihre Krallen in Samt, um ihre Anerkennung auszudrücken.

Théophile Gautier, ein großer Dichter und hervorragender Kritiker, war so freundlich, einige seiner brillanten Kommentare auf das Werk zu werfen, was seine offensichtliche Gesinnung unter Beweis stellte.

La Grand'Tante wurde zusammen mit La Voyage en Chine aufgeführt , ein großer finanzieller Erfolg, und ich erlebte vierzehn Abende. Ich war entzückt. Ich betrachte die vierzehn Aufführungen nicht mehr nur als solche; sie zählen kaum noch.

Die Orchesterpartitur (sie war nicht gestochen) ging 1887 beim Brand der Opéra-Comique verloren. Für die Musik war das kein großer Verlust, aber ich wäre froh, einen Beweis für die ersten Schritte meiner Karriere zu haben.

Zu dieser Zeit gab ich Unterricht bei einer Familie in Versailles, mit der ich noch immer in Kontakt stehe. Eines Tages geriet ich auf dem Weg dorthin in einen heftigen Regenschauer. Der Regen tat mir gut und bestätigte das Sprichwort: „Jede Wolke hat auch ein Gutes." Ich wartete geduldig im Bahnhof, bis der Regen aufhörte, als ich neben mir Pasdeloup sah, der ebenfalls wartete, bis der Regen vorbei war.

Er hatte nie mit mir gesprochen. Die Wartezeit am Bahnhof und das schlechte Wetter waren eine einfache und natürliche Entschuldigung für unser Gespräch. Auf seine Frage, ob ich während meiner Arbeit in Rom nicht etwas für das Orchester geschrieben hätte, antwortete ich, ich hätte eine fünfstimmige *Suite d'Orchestra* (die, die ich 1865 in Venedig geschrieben hatte); er bat mich geradeheraus, sie ihm zu schicken. Ich schickte sie ihm noch in derselben Woche.

Es ist mir eine große Freude, Pasdeloup meine Ehrerbietung zu erweisen. Er hat mir nicht nur bei dieser Gelegenheit großzügig geholfen, sondern er war auch das kreative Genie der ersten populären Konzerte, die so stark dazu beigetragen haben, Musik außerhalb des Theaters verständlich zu machen.

Eines der letzten Porträts von Massenet

An einem regnerischen Tag (immer Regen! Paris ist wirklich nicht Italien!) traf ich in der Rue des Martyrs einen meiner Mitbrüder, einen Violoncellisten in Pasdeloups Orchester. Während wir uns unterhielten, sagte er: „Heute Morgen haben wir eine sehr bemerkenswerte *Suite d'Orchestra gelesen* . Wir wollten den Namen des Autors wissen, aber er stand nicht auf den Orchesterstimmen.“

Ich sprang sofort auf. Ich war sehr aufgeregt. War es meine Arbeit oder die eines anderen?

„Gibt es in dieser *Suite* “, fragte ich ihn erschrocken, „eine Fuge, einen Marsch und eine Nocturne?“

„Genau“, antwortete er.

„Dann“, sagte ich, „gehört es mir.“

Ich eilte zur Rue Lafitte und rannte wie ein Verrückter die Treppen hoch, um es meiner Frau und ihrer Mutter zu erzählen.

Pasdeloup hatte mich nicht gewarnt.

Auf dem Programm für den übernächsten Tag, Sonntag, sah ich die Ankündigung meiner ersten Orchestersuite.

Wie sollte ich hören, was ich geschrieben hatte?

Ich bezahlte einen Platz im dritten Balkon und hörte zu, verloren in dieser dichten Menschenmenge, wie jeden Sonntag, auf dieser Galerie, wo man sogar stehen musste. Jeder Abschnitt wurde gut aufgenommen. Der letzte war gerade zu Ende, als ein junger Kerl neben mir zweimal zischte. Beide

Male protestierte das Publikum jedoch und applaudierte umso heftiger. Der Spielverderber erzielte also nicht die gewünschte Wirkung.

Zitternd kehrte ich nach Hause zurück. Meine Familie war auch im Cirque Napoléon gewesen und kam sofort, um mich zu besuchen. Wenn meine Leute sich über meinen Erfolg freuten, freuten sie sich noch mehr, von meiner Arbeit gehört zu haben.

Man hätte sich nicht mehr Gedanken über diesen fehlgeleiteten Zischler gemacht, wenn Albert Wolf nicht am nächsten Tag einen langen Artikel auf der Titelseite des *Figaro geschrieben hätte*, der so unfreundlich wie nur möglich war, um mir das Genick zu brechen. Sein brillanter, beißender Witz war für sein Publikum eine amüsante Lektüre. Mein Freund Theodore Dubois, der in seiner Karriere noch so jung war wie ich, hatte den großen Mut, Wolf zu antworten, auch auf die Gefahr hin, seine Position zu verlieren. Er schrieb einen Brief, der in jeder Hinsicht seines großen, edlen Herzens würdig war.

Reyer seinerseits tröstete mich mit diesem merkwürdigen, pikanten Bonmot über den *Figaro- Artikel:* „*Lassen Sie ihn reden. Witzbolde können sich, wie Schwachköpfe, irren.*"

Ich muss der Wahrheit gestehen, dass Albert Wolf bedauerte, was er geschrieben hatte, ohne ihm irgendeine Bedeutung beizumessen, außer dass er seinen Lesern eine Freude machen wollte, und ohne zu bedenken, dass er damit die Zukunft eines jungen Musikers zerstören könnte. Später wurde er einer meiner engsten Freunde.

Kaiser Napoleon III. eröffnete drei Wettbewerbe und ich wartete keinen Tag, um daran teilzunehmen.

Ich habe mich für die Kantate *Prométhée*, die Opéra-comique *Le Florentin* und die Oper *La Coupe du Roi de Thulé beworben*.

Ich habe nichts.

Saint-Saëns gewann den Preis mit seinem *Prométhée*, Charles Lenepveu wurde für sein *Le Florentin gekrönt* – ich war Dritter – und Diaz belegte mit *La Coupe du Roi de Thulé den ersten Platz*. Das Stück wurde an der Opéra unter wunderbaren Interpretationsbedingungen aufgeführt.

Saint-Saëns wusste, dass ich teilgenommen hatte und dass der Preis zwischen mir und dem Gewinner Diaz schwankte. Kurz darauf traf er mich und sagte:

„Es ist so viel Gutes und Schönes in Ihrer Partitur, dass ich soeben nach Weimar geschrieben habe, um zu fragen, ob Ihr Werk dort nicht aufgeführt werden kann."

Nur große Männer benehmen sich so!

Die Ereignisse wollten es jedoch anders und die tausend Seiten der Orchestrierung waren dreißig Jahre lang eine Quelle, aus der ich viele Passagen für meine späteren Werke schöpfte.

Ich war geschlagen, aber nicht gebrochen.

Ambroise Thomas, das beständige und immer freundliche Genie meines Lebens, machte mich mit Michel Carré bekannt, einem der Mitarbeiter an *Mignon* und *Hamlet* . Seine Erfolge wurden ständig auf Plakatwänden verkündet und er vertraute mir ein Libretto in drei Akten an, das hervorragend gemacht war und den Titel *Méduse trug* .

Ich habe im Sommer und Winter 1869 und im Frühjahr 1870 daran gearbeitet. Am 12. Juli desselben Jahres war die Arbeit bereits seit einigen Tagen abgeschlossen und Michel Carré verabredete sich mit mir in der Oper. Er wollte dem Direktor Emile Perrin sagen, dass er das Werk unbedingt aufführen müsse und dass es sich für ihn lohnen würde, dies zu tun.

Emile Perrin war nicht da.

Ich verließ Michel Carré, der mich herzlich umarmte und sagte: „Au revoir. Auf der Bühne der Opéra."

Am selben Abend fuhr ich nach Fontainebleau, wo ich wohnte.

Ich würde glücklich sein....

Aber die Zukunft war zu schön!

Am nächsten Morgen verkündeten die Zeitungen die Kriegserklärung zwischen Frankreich und Deutschland und ich sah Michel Carré nie wieder. Er starb einige Monate nach dieser rührenden Begegnung, die mir so entscheidend erschien.

Auf Wiedersehen, meine schönen Pläne für Weimar, meine Hoffnungen für die Oper und auch meine eigenen Hoffnungen. Der Krieg mit all seinen Schrecken und Schrecken hatte den Boden Frankreichs mit Blut getränkt.

Ich ging.

Ich werde meine Erinnerungen erst nach jenem fürchterlichen Jahr wieder aufgreifen. Ich möchte diese grausamen Stunden nicht wieder aufleben lassen, ich möchte meinen Lesern ihre traurige Geschichte ersparen.

KAPITEL IX

DIE TAGE NACH DEM KRIEG

Die Kommune hatte gerade ihren letzten Atemzug getan, als wir uns wieder im Familiensitz in Fontainebleau befanden.

Nach einer langen Zeit der Unruhe und Qualen atmete Paris wieder auf; allmählich kehrte Ruhe ein. Als ob die Lektion dieser blutigen Zeit niemals verblassen und die Erinnerung daran ewig währen würde, wurden von Zeit zu Zeit vom Winde verbrannte Papierfetzen in unseren Garten getragen. Ich habe ein Stück behalten. Es trug Spuren von Zahlen und stammte wahrscheinlich vom Brand des Finanzministeriums.

Als ich mein liebes kleines Zimmer auf dem Lande wiedersah, fasste ich den Mut zu arbeiten und schrieb in der Ruhe der großen Bäume, die sich mit ihren lieblich-friedvollen Zweigen über uns ausbreiteten, die „ *Scénes Pittoresques* ".

Ich widmete sie meinem guten Freund Paladilhe, dem Autor von *Patrie* , der später mein Mitbruder am Institut war.

Nachdem ich so viele Monate lang allerlei Entbehrungen ertragen hatte, erschien mir das Leben, das ich jetzt führte, als etwas ganz Besonderes. Es brachte meine gute Laune zurück und verlieh mir einen ruhigen und heiteren Geist.

Aus diesem Grund konnte ich meine zweite Orchestersuite schreiben, die einige Jahre später bei den Chatelet-Konzerten gespielt wurde.

Aber ich kehrte bald nach Paris zurück, denn ich wollte so schnell wie möglich die große Stadt sehen, die so schwer geprüft worden war. Ich war kaum zurückgekommen, als ich Emile Bergerat traf, den klugen und entzückenden Dichter, der später Théophile Gautiers Schwiegersohn wurde.

Wie beliebt ist der Name Théophile Gautier in der französischen Literatur! Wie viel Ruhm hat er ihnen beschert – dieser berühmte Benvenuto des Stils, wie sie ihn nannten!

Bergerat nahm mich eines Tages mit, um seinen zukünftigen Schwiegervater zu besuchen.

Meine Gefühle, als ich mich diesem großen Dichter näherte, waren unbeschreiblich! Er stand nicht mehr am Anfang seines Lebens, aber er war noch jugendlich und lebhaft im Denken und voller Bilder, mit denen er seine kleinsten Gespräche schmückte. Und sein Wissen war äußerst umfangreich und vielfältig. Ich fand ihn in einem großen Sessel sitzend, umgeben von drei

Katzen. Ich hatte diese hübschen Geschöpfe schon immer gern, also schloss ich sofort Freundschaft mit ihnen, was mich in die Gunst ihres Herrn brachte.

Bergerat, der mir weiterhin ein charmanter Freund geblieben ist, sagte ihm, ich sei Musiker und ein Ballett über seinen Namen würde mir die Türen der Oper öffnen. Er entwickelte auf der Stelle zwei Themen für mich: *Le Preneur de Rats* (Der Rattenfänger) und *La Fille du Roi des Aulnes* . Die Erinnerung an Schubert schreckte mich von letzterem ab, und es wurde vereinbart, dass der *Rattenfänger* dem Direktor der Oper angeboten werden sollte.

Für mich wurde daraus nichts. Der Name des großen Dichters war so strahlend, dass der arme Musiker in seinem Glanz völlig unterging. Es hieß jedoch, ich würde nicht unbedeutend bleiben, sondern endlich aus der Vergessenheit auftauchen.

Duquesnel, ein bewundernswerter Freund und damals Direktor des Odéon, ließ mich auf Veranlassung meines Verlegers Hartmann in sein Büro im Theater kommen und bat mich, die Bühnenmusik für die alte Tragödie *Les Erinnyes* von Leconte de Lisle zu schreiben. Er las mir mehrere Szenen vor und ich war sofort begeistert.

Wie großartig die Proben waren! Sie standen unter der Leitung des berühmten Künstlers Brindeau, dem Bühnenmanager des Odéon, aber Leconte de Lisle leitete sie persönlich.

Welch olympische Haltung hatte der berühmte Übersetzer von Homer, Sophokles und Theokrit, jenen Genies der Vergangenheit, denen er beinahe ebenbürtig schien! Wie bewundernswert war der Ausdruck seines Gesichts mit seinem Doppelauge, das ein Teil von ihm zu sein schien und durch das seine Augen blitzende Blicke sprühten!

Wie konnten sie behaupten, er habe keine Musik gemocht, wenn sie ihm doch so viel davon auferlegten, zumindest in diesem Werk? Das war lächerlich. Das ist die Art von Legende, mit der sie so viele Dichter überhäufen.

Théophile Gautier, der, wie es hieß, Musik für das kostbarste aller Geräusche hielt, kannte und mochte andere wunderbare Künstler zu gut, um unsere Kunst herabzusetzen. Außerdem kann niemand seine kritischen Artikel über Musik vergessen, die seine Tochter Judith Gautier von der Goncourt Academy gerade mit frommer Sorgfalt in einem Band zusammengestellt hat und die ungewöhnlich und erstaunlich gerechte Würdigungen enthalten.

Leconte de Lisle war ein glühender Verehrer Wagners und Alphonse Daudets, über den ich später sprechen werde, und hatte eine für Musik äußerst empfängliche Seele.

Trotz des Schnees fuhr ich im Dezember aufs Land, um mich für ein paar Tage bei den guten Eltern meiner Frau einzuschließen, und schrieb die Musik zu *Les Erinnyes* .

Dusquesnel stellte mir vierzig Musiker zur Verfügung, was unter den gegebenen Umständen eine beträchtliche Ausgabe und ein großer Gefallen war. Anstatt eine Partitur für das reguläre Orchester zu schreiben – was nur eine dürftige Wirkung erzielt hätte – hatte ich die Idee, ein Quartett aus sechsunddreißig Streichinstrumenten zu haben, das einem großen Orchester entsprach. Dann fügte ich drei Posaunen hinzu, um die drei Erinnyen darzustellen: Tisiphone, Alecto und Megere, und ein Paar Pauken. So hatte ich meine vierzig.

Ich danke dem lieben Dirigenten nochmals für diesen ungewöhnlichen Instrumentenluxus. Ihm und ihm verdanke ich die Sympathie vieler Musiker.

Da ich bereits mit einer Opéra-Comique in drei Akten beschäftigt war, die mir ein junger Mitarbeiter Ennerys vom Theaterdirektor besorgt hatte – wie meine Erinnerung an Chantepie schweift, der viel zu früh von der Bühne verschwunden war –, erhielt ich einen Brief von du Locle, dem damaligen Direktor der Opéra-Comique, in dem er mir mitteilte, dass dieses Werk, *Don César de Bazan* , im November fertig sein müsse.

Zur Besetzung gehörten: Mlle. Priola, Mme. Galli Marie, bereits berühmt als *Mignon* , später die unvergessliche *Carmen* , und ein junger Anfänger mit gut ausgebildeter Stimme und charmanter Präsenz, M. Bouchy.

Das Werk wurde hastig mit alten Kulissen aufgeführt, was Ennery so missfiel, dass er nie wieder im Theater auftrat.

Madame Galli erntete mit mehreren Zugaben die Ehre des Abends. Auch das *Entr'acte Sevillana* erhielt Beifall. Das Werk war jedoch kein Erfolg, denn es wurde nach der dreizehnten Aufführung vom Programm genommen. Joncières, der Autor von *Dimitri* , vertrat vergeblich meine Sache vor der Société des Auteurs, deren Präsident Auguste Maquet war, und argumentierte, sie hätten kein Recht, ein Werk zurückzuziehen, das im Durchschnitt immer noch so gute Einnahmen erzielte. Das waren verlorene freundliche Worte! *Don César* wurde nicht mehr gespielt.

Ich erinnere mich, dass ich später auf Wunsch mehrerer Provinztheater das ganze Werk umschreiben musste, damit es nach ihren Wünschen gespielt werden konnte. Das Manuskript der Partitur (nur das Zwischenspiel war eingraviert) verbrannte im Mai 1887, ebenso wie mein erstes Werk.

Eine unbesiegbare, geheime Macht lenkte mein Leben.

Ich war zum Abendessen bei Frau Pauline Viardot, der großartigen lyrischen Tragödin, eingeladen. Im Laufe des Abends wurde ich gebeten, ein wenig Musik zu spielen.

Ich war völlig überrumpelt und begann, ein Stück aus meinem geistlichen Drama „*Marie Magdalena*" *zu singen* .

Obwohl ich keine Stimme hatte, hatte ich in diesem Alter viel Geschick beim Singen meiner Musik. Jetzt spreche ich sie, und trotz meiner mangelhaften Stimmkraft verstehen meine Künstler, was ich meine.

Ich sang, wenn ich das sagen darf, als sich Frau Pauline Viardot über die Tastatur beugte und mit einem nie vergessenen Akzent der Ergriffenheit sagte:

"Was ist das?"

„ *Marie Magdalena* ", sagte ich ihr, „ein Werk meiner Jugend, das ich niemals auf die Bühne bringen werde."

"Was? Nun, es soll so sein und ich werde deine Maria Magdalena sein."

Ich sang sofort noch einmal die Szene von Magdalena am Kreuz:

Oh, das ist mir recht! Unter deinem dunklen Horizont ...

Als Hartmann davon erfuhr, wollte er Pasdeloup einen Streich spielen, der die Partitur kurz zuvor gehört hatte und sie beinahe brutal abgelehnt hatte. Deshalb gründete er in Zusammenarbeit mit Duquesnel im Odéon das Concert National. Der Dirigent dieses neuen populären Konzerts war Edouard Colonne, mein alter Freund am Conservatoire, den ich bereits für die Leitung von *Les Erinnyes ausgewählt hatte* .

Hartmanns Verlag war der Treffpunkt aller Jugendlichen, darunter auch César Franck, dessen erhabene Werke sich noch nicht durchgesetzt hatten.

Der kleine Laden am Boulevard de la Madeleine 17 wurde zum Zentrum der Musikbewegung. Bizet, Saint-Saëns, Lalo, Franck und Holmès gehörten zum inneren Kreis. Hier plauderten sie fröhlich und mit aller Begeisterung und Leidenschaft in ihrem Glauben an die große Kunst, die ihr Leben veredeln sollte.

Die ersten fünf Konzerte beim Concert National waren César Franck und anderen Komponisten gewidmet. Das sechste und letzte war der vollständigen Aufführung von *Marie Magdeleine gewidmet* .

KAPITEL X FREUDE UND

LEID

Die erste Lesung von *Marie Magdeleine* für die Besetzung fand eines Morgens um neun Uhr im kleinen Saal des Maison Erard in der Rue de Mail statt, der bis dahin für Quartettkonzerte genutzt worden war. Obwohl es schon früh war, war Mme. Viardot sogar noch früher da, so gespannt war sie darauf, die ersten Noten meines Werks zu hören. Die anderen Dolmetscher trafen wenige Augenblicke später ein.

Edouard Colonne leitete die Orchesterproben.

Frau Viardot nahm an der Lesung lebhaft teil. Sie folgte ihr wie eine Künstlerin, die mit der Komposition bestens vertraut ist. Sie war eine wunderbare Sängerin und lyrische Tragödin und mehr als eine Künstlerin; sie war eine großartige Musikerin, eine Frau mit wunderbaren Begabungen und ganz und gar ungewöhnlich.

Am 11. April empfing das Odéon das Publikum, das immer Generalproben und Premieren besucht. Das Theater öffnete seine Türen für ganz Paris, immer dieselben hundert Menschen, die es für das begehrenswerteste Privileg der Welt halten, bei einer Probe oder einer Premiere dabei zu sein.

Die Presse war wie gewohnt vertreten.

Ich flüchtete mich zu meinen Dolmetschern in die Kulissen. Sie waren alle da und in höchster Aufregung. In ihrer Erregung schien es, als würden sie ein endgültiges Urteil über mich fällen, als würden sie im Begriff sein, ein Urteil zu fällen, von dem mein Leben abhing.

Über den Eindruck des Publikums kann ich keine Aussage machen. Ich musste am nächsten Tag mit meiner Frau nach Italien abreisen und hatte daher keine unmittelbaren Neuigkeiten.

Das erste Echo von *Marie Magdalena* erreichte mich in Neapel in Form eines rührenden Briefes des stets freundlichen Ambroise Thomas.

Der Meister, der immer mit so viel Feingefühl alles verfolgte, was meine musikalische Laufbahn kennzeichnete, schrieb Folgendes:

PARIS, 12. April 1873

Da ich heute auf mein Landgut fahren muss, werde ich vielleicht nicht das Vergnügen haben, Sie vor Ihrer Abreise zu sehen. In dieser Ungewissheit kann ich es nicht aufschieben, Ihnen, mein lieber Freund, zu sagen, wie zufrieden ich gestern Abend war und wie glücklich ich über Ihren schönen Erfolg war.

Es ist ein ernstes, edles und zugleich gefühlvolles Werk. Es ist zeitgemäß , aber Sie haben bewiesen, dass man den Weg des Fortschritts beschreiten und dabei klar, nüchtern und zurückhaltend bleiben kann.

Sie haben gewusst, wie man sich bewegt, weil Sie selbst bewegt wurden.

Ich wurde wie alle anderen mitgerissen, sogar mehr als alle anderen.

Sie haben die wunderbare Poesie dieses erhabenen Dramas wunderbar zum Ausdruck gebracht.

Bei einem mystischen Thema, bei dem man dazu verleitet ist, düstere Töne und einen strengen Stil zu missbrauchen, haben Sie sich als Kolorist erwiesen, der dennoch Charme und Klarheit bewahrt hat.

Seien Sie zufrieden, Ihre Arbeit wird wieder gehört und wird Bestand haben.

Au revoir, ich gratuliere Ihnen von ganzem Herzen.

Meine herzlichen Glückwünsche an Madame Massenet.

AMBROISE THOMAS.

Ich habe diesen lieben Brief immer wieder gelesen. Er ließ mich nicht mehr los, so angenehm und wertvoll war der Trost, den er mir brachte.

Frau Pauline Viardot

Ich war in solch entzückende Träumereien versunken, als ich, als wir den Dampfer nach Capri nahmen, einen atemlosen Hotelangestellten mit einem Paket Briefe in den Händen auf mich zulaufen sah. Sie waren von meinen

Freunden in Paris, die sich über meinen Erfolg freuten und entschlossen waren, mir ihre Freude mitzuteilen. Ein Exemplar des *Journal des Debats* war beigefügt. Es kam von Ernest Reyer und enthielt über seiner Unterschrift einen Artikel, der meine Arbeit äußerst lobte, einer der bewegendsten, die ich je erhalten habe.

Ich war nun zurückgekehrt, um dieses bezaubernde und berauschende Land zu sehen. Ich besuchte Neapel und Capri, dann Sorrent, alles malerische Orte von bezaubernder Schönheit, erfüllt vom Duft der Orangenbäume, und das alles am nächsten Tag eines unvergesslichen Abends. Ich lebte in unaussprechlicher Verzückung.

Eine Woche später waren wir in Rom.

Wir hatten das Hôtel de la Minerve kaum erreicht, als uns eine freundliche Einladung zum Mittagessen vom Direktor der Académie de France, einem Mitglied des Instituts, dem berühmten Maler Ernest Hébert, überbrachte.

Zu diesem Anlass waren mehrere Studenten eingeladen. Wir atmeten die warme Luft dieses rundum schönen Tages durch die offenen Fenster des Salons des Direktors ein, in dem De Troys prächtige Wandteppiche mit der Geschichte von Esther hingen.

„*Marie Magdalena*" vorzuspielen . Aus Paris hatte er schmeichelhafte Schilderungen darüber erhalten.

Am nächsten Tag luden mich die Studenten der Villa ebenfalls ein. Mit größter Ergriffenheit fand ich mich wieder in jenem Speisesaal mit der gewölbten Decke wieder, wo mein Porträt neben denen der anderen Grand Prix-Studenten hing. Nach dem Mittagessen sah ich in einem Atelier, das zum Garten hinausging, die „Gloria Victis", das herrliche Meisterwerk, das den Namen Mercié unsterblich machen sollte.

Marie Magdalene sprach, eine Ahnung hatte, dass das Werk am Ende auf der Bühne Ruhm erlangen würde. Doch ich musste zwanzig Jahre warten, bis ich diese angenehme Genugtuung verspürte. Sie bestätigte die Meinung, die ich mir von diesem heiligen Drama gebildet hatte.

M. Saugey, der fähige Direktor der Oper in Nizza, war der erste, der die Kühnheit hatte, es zu versuchen, und er konnte sich nur selbst gratulieren. Ich meinerseits möchte ihm meinen aufrichtigen Dank aussprechen.

Unsere erste *Marie Magdalene* auf der Bühne war Lina Pacary. Diese geborene Künstlerin war mit ihrer Stimme, Schönheit und ihrem Talent wie geschaffen für die Gestaltung dieser Rolle, und als das gleiche Theater später *Ariane* aufführte , wurde Lina Pacary erneut als Interpretin ausgewählt. Ihr ununterbrochener Erfolg machte ihr Theaterleben wirklich bewundernswert.

Im darauffolgenden Jahr brachte mein lieber Freund und Regisseur Albert Carré das Werk an der Opéra-Comique auf die Bühne. Ich hatte das Glück, Frau Marguerite Carré, Frau Aïno Ackté und Salignac als meine Interpretinnen zu haben.

So lebte ich in Rom wieder in den angenehmsten Gedanken an *Maria Magdalena*. Natürlich war dies das Gesprächsthema auf den träumerischen Spaziergängen, die ich mit Hébert in der römischen Campagna unternahm.

Hébert war nicht nur ein großer Maler, sondern auch ein bedeutender Dichter und Musiker. In letzterer Funktion spielte er in einem Quartett, das oft an der Académie zu hören war.

Ingres, ebenfalls Direktor der Akademie, spielte Geige. Delacroix wurde eines Tages gefragt, was er von Ingres' Geigenspiel hielt.

„Er spielt wie Raphael", war die amüsante Antwort dieses brillanten Koloristen.

Unser Aufenthalt in Rom war so wundervoll, dass wir diese uns so liebgewonnene Stadt nur mit Bedauern verließen und nach Paris zurückkehrten.

Ich war kaum in die Rue du General Foy Nr. 46 zurückgekehrt – wo ich dreißig Jahre lang gelebt hatte –, als ich mich in ein Libretto von Jules Adenis vertiefte: *Les Templiers*.

Ich hatte kaum zwei Akte geschrieben, als ich anfing, mir darüber Sorgen zu machen. Das Stück war äußerst interessant, aber seine historischen Situationen führten mich auf den Weg, den Meyerbeer bereits beschritten hatte.

Hartmann war derselben Meinung wie ich; mein Verleger äußerte sich sogar so deutlich dazu, dass ich die zweihundert Seiten, die ich ihm vorgelegt hatte, in Stücke riss.

In großer Not und kaum wissend, wohin ich gehen sollte, kam mir der Gedanke, Louis Gallet, meinen Mitarbeiter in *Marie Magdalene, aufzusuchen*. Von diesem Gespräch mit ihm kam ich mit dem Plan von *Le Roi de Lahore* zurück. Vom Scheiterhaufen des letzten Großmeisters der Templer, Jean Jacques de Molay, den ich aufgegeben hatte, fand ich mich im Paradies Indiens wieder. Es war für mich der siebte Himmel der Glückseligkeit.

Charles Lamoureux, der berühmte Orchesterleiter, hatte gerade die Concerts de l'Harmonie Sacrée im Cirque des Champs Élysées gegründet, die es heute nicht mehr gibt. (Was für eine schändliche Freude sie daran haben, ein großartiges Theater in eine Filiale der Bank oder einen ausgezeichneten Konzertsaal in eine Rasenfläche der Champs Élysées zu verwandeln!)

Wie jeder weiß, waren es Händels Oratorien, die diese Konzerte berühmt und erfolgreich machten.

Ève mit , einem mystischen Stück in drei Akten.

Die Anhörung fand vor dem Mittagessen statt. Und als wir beim Kaffee waren, waren wir uns völlig einig. Das Werk sollte mit den folgenden berühmten Dolmetschern geprobt werden: Mme. Brunet Lafleur und Mm. Lasalle und Prunet.

Bei Les Concerts de l'Harmonie Sacré stand am 18. März 1875 wie vereinbart *Ève auf dem Programm.*

Trotz der großartigen Generalprobe im völlig leeren Saal – das war der Grund, warum ich dort war, denn ich hatte bereits begonnen, die Aufregungen öffentlicher Aufführungen zu meiden – wartete ich in einem kleinen Café in der Nähe auf die Neuigkeiten, die mir ein alter Kamerad, Taffanel, damals erster Flötist an der Oper und bei den Concerts de l'Harmonie Sacrée, überbrachte. Ach, mein lieber Taffanel, mein verstorbener Freund, den ich so sehr liebte, wie lieb waren mir Deine Zuneigung und Dein Talent, als Du meine Werke an der Oper dirigiertest!

Nach jedem Teil lief Taffanel über die Straße und erzählte mir die tröstlichen Neuigkeiten. Nach dem dritten Teil war er immer noch ermutigend und sagte mir hastig, dass alles vorbei sei, dass das Publikum gegangen sei, und bat mich, sofort zu kommen und Lamoureux zu danken.

Ich glaubte ihm, aber was für ein Betrüger war er! Kaum war ich im Musikerfoyer, wurde ich wie eine Feder in die Arme meiner Mitbrüder geblasen, die ich so fest ich konnte packte, denn jetzt verstand ich den Trick. Aber sie setzten mich auf die Bühne vor dem Publikum, das immer noch da war und immer noch applaudierte und mit Hüten und Taschentüchern wedelte.

Ich stand auf, hüpfte wie ein Ball herum und verschwand – wütend!

Ich habe dieses zweifellos übertriebene Bild meines Erfolgs gezeichnet, weil die Momente, die folgten, für mich furchtbar waren und mir im Gegensatz dazu die Eitelkeit der Dinge dieser Welt vor Augen führten.

Eine Dienerin hatte den ganzen Abend nach mir gesucht, da sie nicht wusste, wo ich mich in Paris aufhielt, und fand mich schließlich an der Tür des Konzertsaals. Mit Tränen in den Augen bat sie mich, zu meiner Mutter zu kommen, die sehr krank war. Meine liebe Mutter lebte in der Rue Notre-Dame-de-Lorette. Ich hatte ihr Sitzplätze für sie und meine Schwester geschickt und war sicher, dass beide beim Konzert gewesen waren.

Der Diener und ich sprangen in ein Taxi, und als ich den Treppenabsatz erreichte, rief meine Schwester mit ausgestreckten Armen und schluchzend: „Mama ist gestorben ... heute Abend um zehn Uhr."

Worte können meinen tiefen Schmerz nicht ausdrücken, als ich von dem schrecklichen Unglück erfuhr, das mich ereilt hatte. Es verdunkelte meine Tage gerade zu der Zeit, als es schien, als wolle ein gütiger Himmel die Wolken vertreiben.

Gemäß dem letzten Willen meiner Mutter wurde sie am nächsten Tag einbalsamiert. Meine Schwester und ich, beide von Trauer überwältigt, waren dort, als wir von Hartmanns plötzlichem Erscheinen überrascht wurden. Ich zerrte ihn rasch von dem schmerzlichen Anblick weg, und er eilte hinaus, aber nicht ohne vorher gesagt zu haben:

"Du bist schuldig für das Kreuz!"

Arme Mutter! Wie stolz wäre sie gewesen!

21. März 1875

Lieber Freund:

Wenn ich Ihre Karte und damit auch Ihre Adresse nicht verloren hätte, die ich eine Viertelstunde lang im *Testaccio* meiner Papiere gesucht habe, hätte ich Ihnen gestern von meiner großen Freude und tiefen Ergriffenheit erzählt, als ich Ihren *Ève hörte* und über seinen Erfolg. Der Triumph eines der Auserwählten sollte ein Fest für die Kirche sein. Und Sie sind einer der Auserwählten, mein lieber Freund; der Himmel hat Sie mit einem Zeichen als eines seiner Kinder gekennzeichnet; ich spüre es in allem, was Ihr schönes Werk in meinem Herzen bewegt hat. Aber bereiten Sie sich auf die Rolle des Märtyrers vor – auf die Rolle, die alle spielen müssen, die von oben kommen und das beleidigen, was von unten kommt. Denken Sie daran, dass der Herr, als er sagte: „Er ist einer der Auserwählten", hinzufügte: „Und ich werde ihm zeigen, wie sehr er in meinem Namen leiden muss."

Deshalb, mein lieber Freund, breiten Sie sich kühn Ihre Flügel aus und vertrauen Sie sich furchtlos den erhabenen Regionen an, wo das Blei der Erde den Vogel des Himmels nicht treffen kann.

Von ganzem Herzen,
C. H. GOUNOD.

KAPITEL XI

MEIN DEBUT IN DER OPER

Der Tod, der mir meine Mutter in tiefster Liebe genommen hatte, hatte auch meiner geliebten Frau ihre Mutter genommen. So verbrachten wir den nächsten Sommer in Fontainebleau in einem traurigen Trauerhaus.

Die Erinnerung an den lieben Verstorbenen schwebte noch immer über uns, als ich am 5. Juni von Bizets Tod erfuhr. Die Nachricht traf uns wie ein Donnerschlag. Bizet war ein aufrichtiger und liebevoller Kamerad gewesen, und ich empfand respektvolle Bewunderung für ihn, obwohl wir ungefähr gleich alt waren.

Sein Leben war sehr hart. Er spürte den Geist in sich und glaubte, dass sein zukünftiger Ruhm ihn überleben würde. *Carmen* , seit vierzig Jahren berühmt, erschien denen, die dazu berufen waren, ein Werk zu beurteilen, das Gutes enthielt, obwohl es etwas unvollständig war, und auch – was sagte man damals nicht alles? – ein gefährliches und unmoralisches Thema.

Was für eine Lektion in Sachen voreilige Urteile! …

Als ich nach der düsteren Beerdigung nach Fontainebleau zurückkehrte, versuchte ich, mein Leben wieder in die Hand zu nehmen und an „ *Der König von Lahore* “ *zu arbeiten* , an dem ich bereits seit mehreren Monaten gearbeitet hatte.

Der Sommer in diesem Jahr war besonders heiß und anstrengend. Ich war so deprimiert, dass ich mich eines Tages, als ein gewaltiger Sturm losbrach, fast vernichtet fühlte und einschlief.

Aber wenn mein Körper in den Schlaf gewiegt wurde, blieb mein Geist aktiv; er schien nie aufzuhören zu arbeiten. Tatsächlich schienen meine Ideen von dieser unfreiwilligen Ruhe, die die Natur ihnen auferlegte, zu profitieren, um sich zu ordnen. Ich hörte wie in einem Traum meinen dritten Akt, das Paradies von Indien, auf der Bühne der Oper gespielt. Die immaterielle Aufführung hatte sozusagen meinen Geist erfüllt. Das gleiche Phänomen passierte mir später noch mehrere Male.

Das hätte ich nie zu hoffen gewagt. An diesem und den folgenden Tagen begann ich, den Rohentwurf der Instrumentalmusik für diese Szene im Paradies zu schreiben.

Zwischendurch gab ich weiterhin zahlreiche Unterrichtsstunden in Paris, was ich gleichermaßen bedrückend und enervierend empfand.

Ich hatte mir schon lange angewöhnt, früh aufzustehen. Meine Arbeit nahm mich von vier Uhr morgens bis zum Mittag in Anspruch, und der Unterricht nahm sechs Stunden des Nachmittags in Anspruch. Die meisten Abende waren den Eltern meiner Schüler gewidmet. Wir hatten Musik bei ihnen zu Hause, und wir wurden unterhalten und verwöhnt. Ich war mein ganzes Leben lang daran gewöhnt, morgens so zu arbeiten, und ich tue das immer noch.

Nachdem wir den Winter und Frühling in Paris verbracht hatten, kehrten wir in unser ruhiges und friedliches Familienhaus in Fontainebleau zurück. Zu Beginn des Sommers 1876 beendete ich die gesamte Orchesterpartitur für *Le Roi de Lahore*, an der ich inzwischen mehrere Jahre gearbeitet hatte.

Mit der Beendigung einer Arbeit verabschiedet man sich von der unbeschreiblichen Freude, die einem die Arbeit bereitet hat!

Auf meinem Schreibtisch lagen elfhundert Seiten Orchesterpartitur und mein gerade fertiggestelltes Arrangement für Klavier.

Was aus diesem Werk werden würde, war die Frage, die ich mir besorgt stellte. Würde es jemals gespielt werden? Tatsächlich war es für eine große Bühne geschrieben – das war die Gefahr, der dunkle Fleck in der Zukunft.

Im vergangenen Winter hatte ich den gefühlvollen Dichter Charles Grandmougin kennengelernt. Der entzückende Sänger der Promenaden und leidenschaftliche Barde der französischen Heimat hatte eine heilige Legende in vier Teilen geschrieben, *La Vierge*, die er für mich bestimmt hatte.

Ich konnte meinen Geist nie untätig lassen und begann sofort mit den schönen Versen von Grandmougin. Warum sollte dann bittere Entmutigung aufkommen? Ich werde es Ihnen später erzählen. Tatsächlich konnte ich es nicht länger ertragen. Ich musste Paris wiedersehen. Es schien mir, als würde ich von meiner Schwachherzigkeit befreit zurückkehren, die ich ohne viel zu bemerken durchgemacht hatte.

Am 26. Juli reiste ich nach Paris mit der Absicht, Hartmann mit meinen Problemen zu belästigen, indem ich ihm meine Leiden gestand.

Aber ich fand ihn nicht da. Ich schlenderte zum Konservatorium, um mir die Zeit zu vertreiben. Dort war gerade ein Geigenwettbewerb im Gange. Als ich dort ankam, machten sie gerade eine zehnminütige Pause, und ich nutzte sie, um meinem Meister Ambroise Thomas in dem großen Raum gleich neben dem Geschworenensaal meinen Respekt zu erweisen.

Da dieser Ort, der damals so wunderbar lebendig war, heute eine Wüste ist, die anderen Gegenden gewichen ist, werde ich den Ort beschreiben, an dem ich aufwuchs und so viele Jahre lebte.

Der Raum, von dem ich gesprochen habe, war über eine große Treppe zu erreichen, die durch einen Vorraum mit Säulen führte. Als man den Treppenabsatz erreichte, sah man zwei große Gemälde, die von irgendeinem Maler des Ersten Kaiserreichs gemalt worden waren. Die Tür gegenüber öffnete sich zu einem Raum, der mit einem großen Kaminsims geschmückt und durch eine Glasdecke im Stil der antiken Tempel beleuchtet wurde.

Die Möblierung war im Stil Napoleons I. gehalten.

Eine Tür führte in das Büro des Direktors des Konservatoriums, ein Raum, der groß genug war, um zehn oder ein Dutzend Personen aufzunehmen, die um den mit grünem Tuch gedeckten Tisch herum oder an separaten Tischen sitzend oder stehend Platz nahmen. Die Dekoration der großen Halle des Konservatoriums war im pompejanischen Stil gehalten und harmonierte mit dem Raum, den ich beschrieben habe.

Ambroise Thomas lehnte am Kaminsims. Als er mich sah, lächelte er freudig, streckte die Arme aus, in die ich mich warf, und sagte mit einem Anflug von Resignation, der damals entzückend war: „Nimm es an, es ist die erste Sprosse.“

„Was soll ich akzeptieren?“, fragte ich.

„Was, du weißt es nicht? Sie haben dir gestern das Kreuz gegeben?“

Émile Réty, der geschätzte Generalsekretär des Konservatoriums, nahm das Band aus seinem Knopfloch und steckte es in meines, allerdings nicht ohne einige Schwierigkeiten. Er musste es mit einem Tintenlöscher öffnen, den er auf dem Tisch der Jury neben dem Schreibtisch des Präsidenten fand.

Der Ausdruck „die erste Sprosse“ war entzückend und zutiefst ermutigend.

Jetzt hatte ich nur noch einen dringenden Auftrag: meinen Verleger aufzusuchen.

Ich muss gestehen, dass ich ein Gefühl habe, das meinen Geschmack so sehr beeinflusst, dass es meinen Charakter widerspiegelt. Ich war noch so jung, dass ich mich wegen des Bandes, das zu leuchten schien und alle Blicke auf sich zog, unwohl fühlte.

Mein Gesicht war noch feucht von diesen überschwänglichen Umarmungen und ich hatte vor, aufs Land nach Hause zu fahren, als ich an der Ecke der Rue de la Paix von M. Halanzier, dem Direktor der Oper, angehalten wurde. Ich war umso überraschter, da ich geglaubt hatte, dass man in der Großen Oper wegen der Ablehnung meines Balletts *Le Preneur de Rats nur mäßig von mir hielt* .

Aber M. Halanzier war offen und aufgeschlossen.

„Was machst du?", fragte er. „Ich höre nichts von dir."

Ich möchte hinzufügen, dass er noch nie zuvor mit mir gesprochen hatte.

„Wie könnte ich es wagen, mit dem Direktor der Oper über meine Arbeit zu sprechen?", antwortete ich völlig verwirrt.

„Und wenn ich das möchte?"

„Nun, ich habe ein einfaches Werk in fünf Akten, *Le Roi de Lahore*, mit Louis Gallet."

„Kommen Sie morgen zu mir nach Hause, Place Vendome 18, und bringen Sie Ihr Manuskript mit."

Ich beeilte mich, es Gallet zu erzählen, und fuhr dann nach Hause nach Fontainebleau. Ich brachte meiner Frau die beiden Neuigkeiten mit, von denen die eine deutlich in meinem Knopfloch zu sehen war, die andere die größte Hoffnung war, die ich je gehabt hatte.

Am nächsten Morgen war ich um neun Uhr am Place Vendome. Gallet war bereits da.

Halanzier bewohnte eine wunderschöne Wohnung im dritten Stock des prächtigen Herrenhauses, das eine der Ecken des Place Vendome bildete.

Ich begann sofort mit dem Lesen. Halanzier unterbrach mich so wenig, dass ich die gesamten fünf Akte durchlas. Meine Stimme war weg ... und meine Hände waren vor Ermüdung nutzlos.

Als ich mein Manuskript zurück in meine alte Ledermappe steckte und Gallet und ich uns zum Aufbruch bereit machten:

"Also! Du hinterlässt mir also keine Kopie?"

Ich sah Gallet verblüfft an.

„Dann beabsichtigen Sie, die Arbeit auszuführen?"

„Die Zukunft wird es zeigen."

Kaum hatte ich mich bei meiner Rückkehr nach Paris im Oktober wieder in unserer Wohnung in der Rue du Général Foy eingerichtet, brachte mir die Morgenpost folgendes Bulletin aus der Oper:

Der König
2 Stunden——Foyer

Die Rollen waren an Mlle. Josephine de Reszke vergeben worden – ihre beiden Brüder Jean und Edouard sollten später die Bühne schmücken – sowie an Salomon und Lassalle, wobei letzterer zum ersten Mal eine Rolle schuf.

Es gab keine öffentliche Generalprobe. Es war damals nicht üblich, wie heute, eine Probe für die „Couturières", dann für die „Colonelle" und schließlich die „allgemeine" Probe abzuhalten.

Trotz der offensichtlichen Sympathiebekundungen des Orchesters und des gesamten Probenpersonals verkündete Halanzier, dass er sich bis nach der Uraufführung selbst um alles kümmern wolle, da es sich um das erste Werk eines Debütanten an der Opéra handele.

Ich möchte noch einmal meinen tiefen Dank gegenüber diesem außergewöhnlich guten Regisseur zum Ausdruck bringen, der die Jugend liebte und beschützte.

Inszenierung, Bühnenbild und Kostüme waren von nie dagewesener Pracht, eine Interpretation ersten Ranges...

Die Uraufführung von *Le Roi de Lahore* am 27. April 1877 war ein ruhmreiches Ereignis in meinem Leben.

In diesem Zusammenhang fällt mir ein, dass Gustave Flaubert an diesem Morgen seine Karte beim Diener hinterließ, ohne auch nur nach mir zu fragen. Darauf standen folgende Worte:

„Heute Morgen bemitleide ich Sie, heute Abend werde ich Sie beneiden."

Diese Zeilen zeigen so gut das bewundernswerte Verständnis des Autors von „*Salambo*" und dem unsterblichen Meisterwerk „*Madame Bovary*".

Am nächsten Morgen erhielt ich folgende Zeilen vom berühmten Architekten und großen Künstler Charles Gamier:

„Ich weiß nicht, ob es der Saal ist, der gute Musik macht; aber, *Sapristi* , was ich weiß, ist, dass ich nichts von eurer Arbeit verloren habe und sie *bewundernswert fand* . Das ist die Wahrheit.

„ Dein
„ CARLO."

Die prachtvolle Oper war sechzehn Monate zuvor, am 5. Januar 1875, eröffnet worden, und die Kritiker hatten es für ihre Pflicht gehalten, die Akustik dieses wunderbaren Hauses, das vom fähigsten Mann der Neuzeit erbaut worden war, zu kritisieren. Freilich hielt die Kritik nicht lange an, denn wenn man von Garniers großartiger Arbeit spricht, dann mit Worten, die in ihrer Einfachheit beredt sind: „Was für ein großartiges Theater!" Der Saal hat sich offensichtlich nicht verändert, wohl aber das Publikum, das Garnier seine gerechte und verdiente Ehrerbietung erweist.

KAPITEL XII

DIE THEATER IN ITALIEN

Die Aufführungen von *Le Roi de Lahore* liefen in der Oper, waren gut besucht und gut gemacht. Zumindest hörte ich das, denn ich hatte bereits aufgehört, dorthin zu gehen. Bald verließ ich Paris, wo ich mich, wie gesagt, dem Unterrichten widmete, und ging zurück aufs Land, um an *La Vierge zu arbeiten*
.

Inzwischen hatte ich erfahren, dass der große italienische Verleger Guilio Ricordi *Le Roi de Lahore* an der Oper gehört und mit Hartmann eine Vereinbarung über die Aufführung in Italien getroffen hatte. So etwas war wirklich einmalig, denn damals waren die einzigen ins Italienische übersetzten und in diesem Land aufgeführten Werke die der großen Meister. Und diese mussten lange auf ihre Aufführung warten, während ich das Glück hatte, *Le Roi de Lahore* am Tag der Uraufführung spielen zu sehen.

Das erste Haus in Italien, in dem mir diese Ehre zuteil wurde, war das Regio in Turin. Was für ein unerwartetes Glück es war, Italien wiederzusehen, die Theater von außen kennenzulernen und in ihre Kulissen zu gehen! Ich empfand in all dem eine Freude, die ich nicht in Worte fassen kann, und in diesem Zustand der Verzückung verbrachte ich die ersten Monate des Jahres 1878. Hartmann und ich reisten am 1. Februar 1878 nach Italien.

Neben der Scala in Mailand, dem San Carlo in Neapel, der Communal Opéra in Boulogne, dem alten Apollo in Rom – das inzwischen abgerissen und aus Publikumsliebe durch das Costanzi ersetzt wurde –, der Pergola in Florenz, dem Carlo Felice in Genua und dem Fenice in Venedig ist das wunderschöne Regio-Theater, das gegenüber dem Madame-Palast auf der Piazza Castella erbaut wurde, eines der berühmtesten in ganz Italien. Es konkurrierte damals – wie heute – mit den berühmtesten Häusern dieses klassischen Landes der Künste, für das es immer so gastfreundlich und empfänglich war.

Die Umgangsformen im Regio waren völlig anders als in Paris und ähnelten, wie ich später herausfand, denen in Deutschland. Absolute Ehrerbietung und peinliche Genauigkeit sind die Regel, nicht nur unter den Künstlern, sondern auch unter den Sängern der Nebenrollen. Das Orchester gehorcht dem kleinsten Wunsch des Direktors.

Das Orchester des Regio wurde damals von Meister Pedrotti dirigiert, der später Direktor des Rossini-Konservatoriums in Pesaro war. Er war bekannt für seine fröhlichen, lebhaften Melodien und eine Reihe von Opern, darunter *Tutti in maschera* . Sein Tod war tragisch. Ich höre noch immer den ehrlichen Pedrotti, der immer wieder zu mir sagt:

„Bist du zufrieden? Ich bin es sehr."

Wir hatten damals einen berühmten Tenor, Signor Fanselli. Er hatte eine hervorragende Stimme, aber die Angewohnheit, die Arme weit vor sich auszubreiten und die Finger auszustrecken. Obwohl eine übermäßige Vorliebe für diese Ausdrucksmethode fast zwangsläufig unangenehm ist, verwenden viele andere Künstler, die ich kenne, sie, um ihre Gefühle auszudrücken, zumindest glauben sie das, obwohl sie in Wirklichkeit absolut nichts fühlen.

Seine offenen Hände hatten diesem bemerkenswerten Tenor den Spitznamen „ *Cinque e cinque fanno dieci" eingebracht!* (Fünf und fünf ist zehn!)

In Bezug auf diese Uraufführung möchte ich den Bariton Mendioroz und Signorina Mecocci erwähnen, die daran teilgenommen haben.

Solche Unternehmungen kamen häufig vor, denn kaum waren Hartmann und ich wieder in Paris, mussten wir schon wieder nach Rom aufbrechen, wo „ *Il Re di Lahore"* am 21. März 1879 die Ehre einer Uraufführung hatte.

Hier hatte ich noch mehr bemerkenswerte Künstler: den Tenor Barbaccini, den Bariton Kashmann, beide Sänger von großem Wert; dann Signorina Mariani, eine bewundernswerte Sängerin und Tragödin, und ihre jüngere Schwester, die ebenso bezaubernd war. M. Giacovacci, der Direktor des Apollo, war ein seltsamer alter Kerl, sehr unterhaltsam und lustig, besonders wenn er sich an die erste Aufführung des *Barbiers von Sevilla im Argentinischen Theater in seinen Jugendtagen erinnerte. Er zeichnete ein höchst interessantes Bild des jungen Rossini und seiner Lebhaftigkeit und seines Charmes. Der Barbier von Sevilla* und *Wilhelm Tell* geschrieben zu haben, ist in der Tat ein höchst eindrucksvoller Beweis für personifizierten Witz und auch für einen scharfen Verstand.

Ich habe meinen Aufenthalt in Rom dazu genutzt, meine geliebte Villa Medici wieder zu besuchen. Es hat mir Spaß gemacht, dort wieder als Autor aufzutreten ... wie soll ich es sagen? Nun (und das ist umso schlimmer) sagen wir, als Autor, der begeistert Beifall bekommt.

Ich übernachtete im Hotel de Rome gegenüber von San Carlo am Corso.

Am Morgen nach der ersten Vorstellung brachte man mir eine Nachricht aufs Zimmer – ich war kaum wach, denn wir waren sehr spät angekommen –, auf der folgende Worte standen:

„Wenn Sie das nächste Mal in einem Hotel übernachten, sagen Sie mir vorher Bescheid, denn ich habe die ganze Nacht vor lauter Ständchen und Toasts nicht geschlafen! Was für ein Krawall! Aber es freut mich Ihretwegen.

„Dein alter Freund,
„D U LOCLE."

Du Locle! Wie konnte er das sein? Aber da war er, mein Begleiter bei der Geburt von *Don César de Bazan* . Ich beeilte mich, ihn zu umarmen.

Der Morgen des 21. März bescherte mir Stunden magischen Vergnügens und verführerischen Charmes. Ich zähle sie zu den schönsten, an die ich mich erinnern kann.

Ich hatte eine Audienz beim neu inthronisierten Papst Leo XIII. erhalten. Dem großen Salon, in dem ich vorgestellt wurde, ging ein langer Vorraum voraus. Diejenigen, die wie ich eingelassen worden waren, knieten in einer Reihe auf beiden Seiten des Raumes. Der Papst segnete die Gläubigen mit seiner rechten Hand und sprach ein paar Worte zu ihnen. Sein Kammerherr erzählte ihm, wer ich war und warum ich nach Rom gekommen war, und der oberste Pontifex fügte seinem Segen Worte der guten Wünsche für meine Kunst hinzu.

Leo XIII. verband eine ungewöhnliche Würde mit einer Einfachheit, die mich stark an Pius IX. erinnerte.

Nachdem ich den Vatikan verlassen hatte, ging ich um elf Uhr zum Quirinalspalast. Der Marchese di Villamarina sollte mich Königin Margherita vorstellen. Wir gingen durch eine Reihe von fünf oder sechs Räumen, und in dem, wo wir warteten, stand eine mit Krepp bedeckte Glasvitrine mit Andenken an Viktor Emanuel, der erst vor kurzem gestorben war. Zwischen den Fenstern stand ein Klavier. Das folgende Detail wirkte fast theatralisch. Mir war aufgefallen, dass an der Tür jedes Salons, durch den ich gekommen war, ein Platzanweiser postiert war, und ich hörte eine entfernte Stimme, offensichtlich aus dem ersten Raum, laut „La Regina" verkünden, dann näher „La Regina", dann noch näher „La Regina" und wieder und lauter „La Regina" und schließlich im nächsten Salon in schallender Stimme „La Regina". Und die Königin erschien in dem Salon, in dem wir uns befanden.

Der Marchese di Villamarina stellte mich vor, verneigte sich vor der Königin und verließ den Raum.

Ihre Majestät bat mich mit bezaubernder Stimme, sie zu entschuldigen, weil sie am Abend zuvor nicht in die Oper gegangen war, um *Il Capolavoro* des französischen Meisters zu hören, und sagte, auf die Glasvitrine weisend: „Wir trauern." Dann fügte sie hinzu: „Da mir der Abend verwehrt blieb, können Sie mich nicht einige Motive der Oper hören lassen?"

Da es neben dem Klavier keinen Stuhl gab, begann ich im Stehen zu spielen. Dann sah ich, wie die Königin nach einem Stuhl Ausschau hielt. Ich sprang auf einen zu, stellte ihn vor das Klavier und spielte weiter, wie sie es mir so liebevoll aufgetragen hatte.

Ich war sehr bewegt, als ich Ihre Majestät verließ, und war zutiefst erfreut über ihren freundlichen Empfang. Ich durchquerte die zahlreichen Salons und fand den Marchese di Villamarina, dem ich herzlich für seine große Höflichkeit dankte.

Eine Viertelstunde später war ich in der Via delle Carozze und besuchte Menotti Garibaldi, für den ich ein Empfehlungsschreiben eines Freundes aus Paris hatte.

Das war kein gewöhnlicher Morgen. Im Gegenteil, er war ungewöhnlich angesichts der Persönlichkeiten, die ich die Ehre hatte zu sehen: Seine Heiligkeit den Papst, Ihre Majestät die Königin und den Sohn Garibaldis.

Im Laufe des Tages wurde ich Prinz Massimo vorgestellt, einem der ältesten römischen Adelsgeschlechter. Als ich ihn fragte, vielleicht indiskret, aber dennoch aus echter Neugier, ob er ein Nachkomme des Kaisers Maximus sei, antwortete er schlicht und bescheiden: „Das weiß ich nicht genau, aber in meiner Familie ist man sich dessen seit achtzehnhundert Jahren sicher."

Nach dem Theaterbesuch an diesem Abend (ein großartiger Erfolg) ging ich zum Abendessen in das Haus unseres Botschafters, des Herzogs von Montebello. Auf Wunsch der Herzogin begann ich, dieselben Motive zu spielen, die ich am Morgen vor Ihrer Majestät der Königin aufgeführt hatte. Die Herzogin rauchte, und ich erinnere mich, dass ich viele Zigaretten rauchte, während ich spielte. Das gab mir Gelegenheit, während der Rauch zur Decke aufstieg, die wunderbaren Gemälde des unsterblichen Carrache zu betrachten, des Schöpfers der berühmten Farnese-Galerie.

Nochmals, was für unvergessliche Stunden!

Gegen drei Uhr morgens kehrte ich in mein Hotel zurück, wo die Serenade, mit der sie mich unterhielten, meinen Freund du Locle wach hielt.

Der Frühling verging schnell, weil ich mich an den herrlichen Winter in Italien erinnerte. Ich machte mich in Fontainebleau an die Arbeit und beendete „*La Vierge*". Dann machten sich meine liebe Frau und ich auf den Weg nach Mailand und zur Villa d'Este.

**Mit freundlicher Genehmigung von Ad. Braun und Cie., Paris
Titta Ruffo, Caruso und Chaliapine, drei Künstler, die in Massenets
Werken sangen**

Das war ein Jahr voller Begeisterung und purer, strahlender Freude, und die Stunden unbeschreiblichen Glücks hinterließen in meiner Karriere bleibende Spuren.

Giulio Ricordi hatte Mme. Massenet und mich zusammen mit unserer lieben Tochter, die noch ein Kind war, eingeladen, den Monat August in der Villa d'Este in dieser wunderbar malerischen Gegend am Comer See zu verbringen. Wir trafen dort Mme. Giuditta Ricordi, die Frau unseres liebenswürdigen und liebenswürdigen Gastgebers, ihre Tochter Ginette, eine entzückende Spielgefährtin für mein kleines Mädchen, und ihre Söhne Tito und Manuel, damals kleine Jungen, heute aber große Herren. Wir trafen dort auch ein hübsches junges Mädchen, eine Rose, die noch kaum erblüht war, und die während unseres Aufenthalts mit einem berühmten italienischen Professor im Gesang übte.

Arrigo Boito, der berühmte Autor von *Mefistole* , der ebenfalls Gast in der Villa d'Este war, war von der ungewöhnlichen Qualität ihrer Stimme ebenso beeindruckt wie ich. Diese wunderbare Stimme, die bereits so wunderbar flexibel war, war die der zukünftigen Künstlerin, die in ihrer Schöpfung von *Lakme* durch den ruhmreichen und bedauerten Léo Delibes nie vergessen werden sollte. Ich habe Marie Van Zandt genannt.

Als ich eines Abends das Hotel Bella Venezia auf der Piazza San Fedele in Mailand betrat (wo ich auch heute noch gerne aussteigen würde), kam Giulio Ricordi zu mir und stellte mich einem Mann von großem Rang vor, einem inspirierten Dichter, der mir ein Szenario in vier Akten über die Geschichte der Herodias vorlas, das ungemein interessant war. Dieser bemerkenswerte Literat war Zanardini, ein Nachkomme einer der größten Familien Venedigs.

Es ist leicht zu erkennen, wie eindrucksvoll und inspirierend die Geschichte des Tetrarchen von Galiläa, der Salome, des Johannes und der Herodias unter einer so farbenfrohen Feder wie der des Mannes, der sie gemalt hat, wirken würde.

Während unseres Italienaufenthaltes wurde am 15. August *Le Roi de Lahore* im Wiener Theater aufgeführt, und am 3. Oktober fand die Uraufführung im Kommunaltheater in Bologna statt. Das war der Grund für unseren verlängerten Aufenthalt in Italien.

Unsere Rückkehr nach Fontainebleau folgte unmittelbar darauf und ich musste mein normales Leben und meine unerledigte Arbeit wieder aufnehmen.

Zu meiner Überraschung erhielt ich am Tag nach meiner Rückkehr Besuch von M. Émile Réty! Er kam von Ambroise Thomas, um mir die Stelle als Professor für Kontrapunkt, Fuge und Komposition am Konservatorium anzubieten und so den einige Monate zuvor verstorbenen François Bazin zu ersetzen. Gleichzeitig riet er mir, mich für die Académie des Beaux Arts zu bewerben, da die Wahl eines Nachfolgers für Bazin bevorstand.

Welch ein Kontrast zu den Monaten des angenehmen Unsinns und Applauses in Italien! Ich dachte, in Frankreich sei ich vergessen, doch das Gegenteil war der Fall.

KAPITEL XIII

DAS KONSERVATORIUM UND DAS INSTITUT

Ich erhielt die offizielle Benachrichtigung über meine Ernennung zum Professor am Konservatorium und ging nach Paris. Ich hätte mir kaum vorstellen können, dass ich meinem geliebten Haus in Fontainebleau Lebewohl sagen würde, ohne die Hoffnung, es je wiederzusehen.

Das Leben, das jetzt für mich begann, verpflanzte meine Arbeitssommer in die stille und friedliche Einsamkeit – jene Sommer, die ich so glücklich fernab von Lärm und Tumult der Stadt verbracht hatte. Wenn Bücher ihr Schicksal haben, wie der Dichter sagt (*habent sua fata libelli*), folgt dann nicht jeder von uns einem ebenso sicheren und unwiderruflichen Schicksal? Man kann nicht gegen den Strom schwimmen. Es ist leicht, mit ihm zu schwimmen, besonders wenn er einen an ein ersehntes Ufer trägt.

Ich gab meinen Kurs am Konservatorium zweimal wöchentlich, dienstags und freitags um halb zwei.

Ich gestehe, dass ich stolz und glücklich zugleich war, in diesem Stuhl zu sitzen, in demselben Klassenzimmer, in dem ich als Kind die Ratschläge und Lektionen meines Lehrers erhalten hatte. Ich betrachtete meine Schüler als andere oder neue Kinder – eher Enkelkinder –, die den Unterricht empfingen, den ich erhalten hatte und der durch die Erinnerungen des Lehrers, der ihn mir vermittelt hatte, zu gefiltert schien.

Die jungen Leute, mit denen ich zu tun hatte, schienen ungefähr in meinem Alter zu sein, und um sie zu ermutigen und anzuspornen, weiterzuarbeiten, sagte ich zu ihnen: „Ihr habt nur noch einen Kameraden mehr, der versucht, ein ebenso guter Schüler zu sein wie ihr selbst.“

Es war rührend, die respektvolle Zuneigung zu sehen, die sie mir vom ersten Tag an entgegenbrachten. Ich war vollkommen glücklich, wenn ich sie manchmal überraschte, indem ich mit ihnen plauderte und ihnen ihre Eindrücke von der Arbeit erzählte, die sie am Vortag oder am nächsten Tag abgegeben hatten. Zu Beginn meiner Professur war diese Arbeit *Le Roi de Lahore* .

So blieb ich achtzehn Jahre lang sowohl Freund als auch „Förderer“, wie man mich nannte, einer beträchtlichen Zahl junger Komponisten.

Da es mir so viel Freude bereitete, erinnere ich mich vielleicht an die Erfolge, die sie jedes Jahr bei den Fugenwettbewerben erzielten, und daran, wie nützlich dieser Unterricht für mich war, denn er erforderte von mir, angesichts einer Aufgabe sehr geschickt zu sein und schnell herauszufinden, was im Einklang mit den strengen Vorschriften Cherubinis zu tun war.

Wie sehr freute ich mich achtzehn Jahre lang, wenn fast jedes Jahr ein Schüler meiner Klasse den Grand Prix de Rome erhielt! Ich sehnte mich danach, ans Konservatorium zu gehen und meinem Meister diese Ehre zu erweisen.

Ich sehe noch immer den guten Generaladministrator Émile Réty vor mir, wie er mir abends in seinem friedlichen Salon mit den Fenstern auf den zu dieser Stunde verlassenen Innenhof des Konservatoriums zuhörte, als ich ihm erzählte, wie glücklich ich war, zum Erfolg „meiner Kinder" beigetragen zu haben.

Vor ein paar Jahren erhielt ich einen rührenden Ausdruck ihrer Gefühle mir gegenüber.

Im Dezember 1900 sah ich meinen Verleger kommen, wo sie mich, Lucien Hillemacher, der leider inzwischen verstorben war, in Begleitung einer Gruppe alter Grand Prix-Studenten vorfanden. Er überreichte mir auf Pergament die Unterschriften von mehr als fünfhundert meiner ehemaligen Schüler. Die Seiten waren in einem dünnen Oktavband gebunden, luxuriös in levantinischem Maroquin gebunden und mit Sternen übersät. Auf den Vorsatzblättern standen in leuchtender Buchmalerei neben meinem Namen die beiden Daten: 1878-1900.

Den Unterschriften gingen folgende Zeilen voraus:

Lieber Meister:

Ihre Schüler freuen sich über Ihre Ernennung zum Großoffizier der Ehrenlegion und schließen sich zusammen, um Ihnen diesen Beweis ihrer tiefen und herzlichen Dankbarkeit darzubringen.

Die Namen der Grand Prix-Preisträger des Instituts, die mir auf diese Weise ihren Dank zeigten, waren: Hillemacher, Henri Rabaud, Max D'Ollone, Alfred Bruneau, Gaston Carraud, G. Marty, André Floch, A. Savard, Crocé-Spinelli, Lucien Lambert, Ernest Moret, Gustave Charpentier, Reynaldo Hahn, Paul Vidal, Florent Schmitt, Enesco, Bemberg, Laparra, d'Harcourt, Malherbe, Guy Ropartz, Tiersot, Xavier Leroux, Dallier, Falkenberg, Ch. Silver und so viele andere liebe Freunde der Klasse!

Ambroise Thomas sah, dass ich nicht daran dachte, mich für das Institut zu bewerben, da er mir die Ehre erwiesen hatte, mich zu beraten, und war so freundlich, mich darauf hinzuweisen, dass ich noch zwei Tage Zeit hatte, um das Bewerbungsschreiben für die Académie des Beaux Arts abzuschicken. Er riet mir, es kurz zu halten, und fügte hinzu, dass die Erwähnung von Titeln nur dann notwendig sei, wenn man sie ignorieren könne. Diese vernünftige Bemerkung verletzte meine Bescheidenheit ziemlich....

Der Wahltag war auf Samstag, den 30. November, festgelegt worden. Ich wusste, dass es viele Kandidaten gab und dass unter ihnen vor allem Saint-Saëns an der Reihe war, dessen Freund und großer Bewunderer ich immer war und bin.

Ich habe Ambroise Thomas den Vortritt gelassen, ohne die geringste Erwartung, gewählt zu werden.

Ich hatte den Tag wie üblich damit verbracht, in den verschiedenen Teilen von Paris Unterricht zu geben. An diesem Morgen jedoch hatte ich meinem Verleger Hartmann gesagt, dass ich am Abend zwischen fünf und sechs im Haus eines Schülers in der Rue Blanche Nr. 11 sein würde. Und ich sagte lachend, dass er wissen würde, wo er mich finden könne, um das Ergebnis bekannt zu geben, was auch immer es sein würde. Woraufhin Hartmann großspurig sagte: „Wenn Sie heute Abend Mitglied des Instituts sind, werde ich zweimal klingeln und Sie werden mich verstehen."

Ich wollte gerade mit der Arbeit am Klavier beginnen und war in Gedanken ganz bei meiner Arbeit, den *Promenades d'un Solitaire* von Stephen Heller (was für ein toller Musiker, dieser Alfred de Musset des Klaviers, wie man ihn nannte!), als zwei scharfe Glockenschläge ertönten. Mein Herz blieb stehen. Mein Schüler konnte nicht erkennen, was los war.

Ein Diener stürzte herein und sagte: „Zwei Herren möchten Ihren Professor umarmen." Alles wurde erklärt. Ich ging mit diesen „Messieurs", mehr erschrocken als erfreut, und verließ meinen Schüler wahrscheinlich zufriedener, als ich es war.

Als ich nach Hause kam, stellte ich fest, dass meine neuen und berühmten Kollegen vor mir gekommen waren. Sie hatten ihre Glückwünsche bei meinem Concierge hinterlassen, unterschrieben mit Meissonier, Lefeul, Ballu, Cabanel. Meissonier hatte den von ihm unterschriebenen Sitzungsbericht mitgebracht, der die zwei Stimmen zeigte, denn ich wurde im zweiten Wahlgang gewählt. Das war sicherlich ein Autogramm, wie ich es in meinem Leben nicht zweimal bekommen würde!

Vierzehn Tage später wurde ich der Tradition entsprechend im Sitzungssaal der Académie des Beaux-Arts vom ständigen Sekretär Comte Delaborde vorgestellt.

Ein neues Mitglied musste einen schwarzen Mantel und eine weiße Krawatte tragen, und als ich um drei Uhr nachmittags im Festanzug zum Empfang ging, hätte man meinen können, ich sei auf dem Weg zu einer Hochzeit.

Ich nahm den Stuhl ein, den ich noch immer innehabe. Das ist mehr als dreiunddreißig Jahre her!

Einige Tage später wollte ich meine Privilegien nutzen und an Renans Empfang teilnehmen. Die Platzanweiser kannten mich noch nicht, und ich war der Benjamin der Akademie. Sie wollten mir nicht glauben und verweigerten mir den Eintritt. Einer meiner Kollegen, und nicht zuletzt Prinz Napoleon, der zur selben Zeit hineinging, sagte ihnen, wer ich sei.

Während ich die übliche Dankesrunde machte, besuchte ich Ernest Reyer in seiner malerischen Wohnung in der Rue de la Tour d'Auvergne. Er öffnete selbst die Tür und war sehr überrascht, mich zu sehen, denn er wusste, dass ich wissen musste, dass er mir gegenüber nicht ganz positiv eingestellt war. „Ich weiß", sagte ich, „dass Sie nicht für mich gestimmt haben. Was mich berührt hat, war, dass Sie nicht gegen mich gestimmt haben!" Das machte Reyer gut gelaunt, denn er sagte: „Ich bin beim Mittagessen. Teilen Sie meine Spiegeleier mit mir!" Ich nahm das Angebot an und wir sprachen lange über Kunst und ihre Erscheinungsformen.

Über dreißig Jahre lang war Ernest Reyer mein bester und treuester Freund.

Hérodiade weitermachen wollte und deshalb mehrere Unterrichtsstunden einstellte, die meine sichersten Einnahmequellen waren.

Drei Wochen nach meiner Wahl fand im Hippodrom ein riesiges Festival statt. Mehr als zwanzigtausend Menschen nahmen daran teil. Gounod und Saint-Saëns dirigierten ihre eigenen Werke. Ich hatte die Ehre, das Finale des dritten Aktes von *Le Roi de Lahore zu dirigieren* . Jeder erinnert sich an die erstaunliche Wirkung dieses Festivals, das von Albert Vizentini, einem der besten Gefährten meiner Kindheit, organisiert wurde.

Während ich im Künstlersalon auf meinen Auftritt wartete, kam Gounod triumphierend herein. Ich fragte ihn, was er vom Publikum halte.

„Mir bildete es sich ein, das Tal von Josophat zu sehen", sagte er.

Ein amüsantes Detail wurde mir später erzählt.

Draußen war eine beträchtliche Menschenmenge, und die Leute versuchten trotz der lautstarken Proteste derer, die bereits saßen, weiterhin hineinzukommen. Gounod schrie so laut, dass man ihn deutlich hören konnte: „Ich werde anfangen, wenn alle hinausgegangen sind *!* " Dieser erstaunliche Ausruf wirkte Wunder. Die Gruppen, die den Eingang und die Zugänge zum Hippodrom blockiert hatten, wichen zurück. Sie verschwanden wie durch Zauberei.

Das zweite der Concerts Historiques, gegründet von Vaucorbeil, dem damaligen Direktor der National Academy of Music, fand am 20. Mai 1880 in der Oper statt. Er spielte meine heilige Legende *La Vierge* . Mme. Gabrielle

Krauss und Mlle. Daram waren die Hauptdarsteller und hervorragenden Interpreten.

Dieses Werk ist eine ziemlich schmerzhafte Erinnerung in meinem Leben. Es wurde kühl aufgenommen und nur ein Fragment schien das große Publikum, das den Saal füllte, zufriedenzustellen. Sie wiederholten dreimal die Passage, die heute zum Repertoire vieler Konzerte gehört, das Vorspiel zu Teil IV, *Le Dernier Sommeil de la Vierge* .

Einige Jahre später gab die Société des Concerts du Conservatoire zweimal den vierten Teil von *La Vierge* in voller Länge. Mme. Aïno Ackté war in ihrer Interpretation der Rolle der Jungfrau wirklich erhaben. Dieser Erfolg war für mich vollkommen zufriedenstellend; ich hätte fast gesagt, die kostbarste aller Rache.

KAPITEL XIV EINE

ERSTE AUFFÜHRUNG IN BRÜSSEL

Meine Reisen nach Italien, die der Verfolgung oder gar Vorbereitung der aufeinanderfolgenden Aufführungen von *Le Roi de Lahore* in Mailand, Piacenza, Venedig, Pisa und Triest auf der anderen Seite der Adria gewidmet waren, hinderten mich nicht an der Arbeit an der Partitur der *Hérodiade*, und sie war bald abgeschlossen.

Vielleicht sind solche Abschweifungen überraschend, da sie so wenig meinem Geschmack entsprechen. Viele meiner Schüler sind jedoch in dieser Hinsicht meinem Beispiel gefolgt, und der Grund dafür liegt auf der Hand. Zu Beginn unserer Karriere müssen wir den Orchestern, dem Bühnenmanager, den Künstlern und Kostümbildnern Hinweise geben; das Warum und Weshalb jeder Szene muss oft erklärt werden, und das vom Metronom vorgegebene Tempo entspricht kaum dem tatsächlichen.

Ich habe solche Dinge lange Zeit liegen gelassen, denn sie erledigen sich von selbst. Es stimmt, dass es angesichts der Tatsache, dass ich seit so vielen Jahren bekannt bin, schwierig wäre, eine Wahl zu treffen und zu entscheiden, wohin ich gehen sollte. Und wo sollte ich anfangen – es gehörte zu meinen sehnlichsten Wünschen –, allen Regisseuren und Künstlern, die meine Arbeit jetzt kennen, persönlich meinen Dank auszusprechen. Was die Hinweise angeht, die ich ihnen hätte geben können, so sind sie ihnen gefolgt, und Abweichungen von der wahren Umsetzung sind selten geworden, viel seltener als am Anfang, als sowohl Regisseure als auch Künstler meine Wünsche ignorierten und sie nicht vorhersehen konnten; kurz gesagt, als meine Werke für sie die eines Unbekannten waren.

Ich muss daran erinnern – und ich tue dies mit aufrichtiger Ergriffenheit –, was ich in den großen Provinzhäusern all jenen freundlichen und mir so liebevoll ergebenen Direktoren zu verdanken habe: Gravière, Saugey, Villefranck, Rachet und vielen anderen, denen mein Dank und meine herzlichsten Glückwünsche gelten.

Im Sommer 1879 lebte ich an der Küste von Pourville bei Dieppe. Hartmann, mein Verleger, und Paul Milliet, mein Mitarbeiter, verbrachten die Sonntage bei mir. Wenn ich „bei mir" sage, missbrauche ich das Wort, denn ich hatte nur wenig Umgang mit diesen hervorragenden Freunden. Ich war es gewohnt, fünfzehn oder sechzehn Stunden am Tag zu arbeiten, sechs Stunden zu schlafen und den Rest der Zeit mit Essen und Ankleiden zu verbringen. Nur durch solch unermüdliche, jahrelange, ununterbrochene Arbeit können Werke von großer Kraft und Tragweite entstehen.

Alexander Dumas der Jüngere, dessen bescheidener Zeitgenosse ich ein Jahr lang am Institut gewesen war, lebte in einem prächtigen Anwesen in Puys bei Dieppe. Seine Nähe bescherte mir oft herrliche Freuden. Ich war nie so glücklich wie wenn er mich um sieben Uhr abends abholte, um mich zum Essen abzuholen. Um meine Zeit nicht zu verschwenden, brachte er mich um neun Uhr zurück. Er wollte, dass ich mich in geselliger Runde ausruhte, und tatsächlich war es eine Erholung, die sowohl vorzüglich als auch rundum herrlich war. Man kann sich leicht vorstellen, was für ein Vergnügen die lebhafte, spritzige, verführerische Unterhaltung des berühmten Akademikers für mich war.

Wie beneidete ich ihn damals um die künstlerischen Freuden, die er genossen hatte und die ich später kennenlernen sollte! Er empfing und behielt seine Dolmetscher bei sich zu Hause und ließ sie an ihren Rollen arbeiten. Zu dieser Zeit war Frau Pasca, die großartige Komödiantin, sein Gast.

Die Partitur der *Hérodiade* war Anfang 1881 fertig. Hartmann und Paul Milliet rieten mir, die Direktion der Oper zu informieren. Die drei Jahre, die ich der *Hérodiade gewidmet hatte* , waren für mich eine einzige ununterbrochene Freude gewesen. Sie waren geprägt von einer nie zu vergessenden und unerwarteten Konzentration.

Obwohl ich es immer schon hasste, an die Türen eines Theaters zu klopfen, musste ich mich dennoch dazu entschließen, über dieses Werk zu sprechen. Ich ging zur Oper und führte ein Interview mit M. Vaucorbeil, dem Direktor der Nationalen Musikakademie. Hier ist das Gespräch, das mir die Ehre bot:

Le Roi de Lahore in gewisser Weise mein Haus war , gestatten Sie mir, über ein neues Werk zu sprechen: *Hérodiade* .“

"Wer ist Ihr Librettist?"

„Paul Milliet, ein Mann von beträchtlichem Talent, den ich ungemein mag.“

"Ich mag ihn auch ungemein; aber bei ihm braucht man... (überlegt ein Wort) ... einen *Kadaver* ."

„ *Ein Kadaver!* “, antwortete ich völlig erstaunt. „ *Ein Kadaver!* Was ist das für ein Tier?“

„Ein *Carcassier* “, fügte der berühmte Regisseur sentenziös hinzu, „ein *Carcassier* ist jemand, der weiß, wie man das Gerippe eines Stückes solide wieder herrichtet, und ich darf hinzufügen, dass Sie im strengsten Sinne des Wortes nicht genug Carcassier sind . Bringen Sie mir ein anderes Werk, und das Nationaltheater der Opéra wird Ihnen offen stehen.“

Ich verstand. Die Oper war für mich geschlossen, und einige Tage nach diesem schmerzlichen Gespräch erfuhr ich, dass die Kulissen von *Le Roi de*

Lahore unwiderruflich in das Lagerhaus in der Rue Richer verbannt worden waren – was die endgültige Aufgabe bedeutete.

Eines Tages im selben Sommer ging ich auf dem Boulevard des Capuchines, nicht weit von der Rue Daunou entfernt, spazieren. Mein Verleger George Hartmann wohnte in einer Erdgeschosswohnung am Ende des Hofes in der Nummer 20 dieser Straße. Meine Gedanken waren furchtbar düster. Ich ging mit sorgenvollem Gesicht und schwachem Herzen weiter und beklagte die betrügerischen Versprechungen, die die Direktoren mir wie Weihwasser aufgetischt hatten, als ich plötzlich von jemandem gegrüßt und angehalten wurde, den ich als M. Calabrési, Direktor des Théâtre Royal de la Monnaie in Brüssel, erkannte.

Ich blieb verblüfft stehen. Muss ich ihn auch in meine Sammlung hölzern dreinblickender Regisseure aufnehmen?

„Ich weiß", sagte M. Calabrési, als er mich ansprach, „dass Sie ein großartiges Werk haben, *Hérodiade* . Wenn Sie es mir geben, werde ich es sofort im Théâtre de la Monnaie aufführen."

„Aber du weißt es nicht", sagte ich.

„Nie im Traum würde ich auf die Idee kommen, Sie um eine Anhörung zu bitten!"

„Gut", antwortete ich sofort, „ich werde es Ihnen zufügen."

„Aber ich fahre morgen früh nach Brüssel zurück."

„Also heute Abend", erwiderte ich. „Ich erwarte Sie um acht Uhr in Hartmanns Laden. Er wird bis dahin geschlossen sein ... wir werden allein sein."

Strahlend eilte ich zu Hartmann und erzählte ihm lachend und weinend, was mir passiert war.

Sofort wurde ein Klavier gebracht und Paul Milliet eilig informiert.

Hérodiade nach Brüssel musste . Sie sollten bald im Théâtre Royal de la Monnaie beginnen, und er wollte, dass ich Verzögerungen an den Bahnhöfen vermied, also gab er mir einen Passierschein.

Sie gewöhnten sich so sehr daran, mich bei Feignies und Quevy die Grenze überqueren zu sehen, dass ich ein echter Freund der Zollbeamten wurde, besonders derer auf der belgischen Seite. Ich erinnere mich, dass ich ihnen als Dank für ihre freundliche Aufmerksamkeit Sitzplätze für das Théâtre de la Monnaie schickte.

Im Oktober desselben Jahres 1881 fand im Théâtre Royal eine regelrechte Zeremonie statt. Tatsächlich war *Hérodiade* das erste französische Werk, das auf der großartigen Bühne der belgischen Hauptstadt aufgeführt wurde.

Am vereinbarten Tag begleiteten mich meine beiden hervorragenden Direktoren, Stoumon und Calabrési, bis in das große öffentliche Foyer. Es war ein riesiger Raum mit Goldtäfelung und wurde vom Säulengang des Theaters am Place de la Monnaie beleuchtet. Auf der anderen Seite des Platzes (ein Relikt des alten Brüssel) befand sich die Münzanstalt und in einer Ecke die Börse. Diese Gebäude sind inzwischen verschwunden und durch ein prächtiges Postamt ersetzt worden. Die Börse wurde in einen prächtigen Palast ein Stückchen weiter verlegt.

In der Mitte des Foyers, in das ich geführt wurde, stand ein Flügel, um den herum zwanzig Stühle im Halbkreis angeordnet waren. Außer den Regisseuren waren dort mein Verleger und mein Mitarbeiter sowie die Künstler, die wir für die Rollen ausgewählt hatten. An der Spitze dieser Künstler stand Martha Duvivier, deren Talent, Ruhm und Schönheit sie für die Rolle der Salome prädestinierten; Mlle. Blanche Deschamps, später die Frau des berühmten Orchesterleiters Leon Jehin, hatte die Rolle der Hérodiade; Vernet war Jean; Manoury war Herodes; der ältere Gresse war Phanuel. Ich ging zum Klavier, drehte den Fenstern den Rücken zu und sang alle Rollen einschließlich der Chöre.

Ich war jung, eifrig, glücklich und, was meine Schande noch verstärkt, sehr gierig. Aber wenn ich mir Vorwürfe mache, dann nur, um mich dafür zu entschuldigen, dass ich das Klavier so oft verließ, um an einem Tisch mit exquisiten Speisen, die auf einem reichhaltigen Büfett im selben Foyer ausgebreitet waren, etwas zu essen. Jedes Mal, wenn ich aufstand, hielten mich die Künstler auf, als wollten sie sagen: „Hab Mitleid ... Mach weiter ... Mach weiter ... Hör nicht wieder auf." Ich aß fast alles auf, was für uns alle zubereitet worden war. Die Künstler waren so erfreut, dass sie mehr daran dachten, mich zu umarmen, als daran, zu essen. Warum sollte ich mich beschweren?

Ich wohnte im Hotel de la Poste, Rue Fossé-aux-Loups, neben dem Theater. Im selben Zimmer im Erdgeschoss an der Ecke des Hotels zur Rue d'Argent schrieb ich im darauffolgenden Herbst den Entwurf des Seminaire-Akts von Manon . Später zog ich es vor, im liebenswerten Hotel du Grand-Monarque, Rue des Fripiers, zu wohnen, und blieb dort bis 1910.

Dieses Hotel spielt in meinen tiefsten Erinnerungen eine Rolle. Ich habe dort oft mit Reyer gelebt, dem Autor von *Sigurd* und *Salammbo* , meinem Kollegen an der Académie des Beaux-Arts. Dort haben wir beide unseren Mitarbeiter und Freund Ernest Blau verloren. Er starb hier, und trotz der Sitte, dass vor einem Hotel kein Trauertuch aufgehängt werden darf, bestand Mlle. Wanters, die Besitzerin, darauf, dass die Trauerfeier öffentlich stattfinden und nicht vor den Menschen verborgen werden sollte, die dort lebten. Im Salon sagten wir zwischen Fremden dem Mitarbeiter von *Sigurd* und *Esclarmonde zärtliche Abschiedsworte* .

Ein grauenhaftes Detail! Unser armer Freund Blau speiste am Abend seines Todes im Haus des Direktors Stoumon. Da er früh dran war, hielt er in der Rue des Sablons an, um sich einige luxuriöse Särge anzusehen, die in einem Bestattungsunternehmen ausgestellt waren. Als wir gerade Abschied genommen und die sterblichen Überreste von Blau in einer provisorischen Gruft neben dem mit weißen Rosen bedeckten Sarg eines jungen Mädchens beigesetzt hatten, bemerkte einer der Träger, dass der Verstorbene, wenn man ihn gefragt hätte, keine bessere Gegend hätte wählen können. Der Chefbestatter meinte: „Wir haben es gut gemacht. Herr Blau sah einen schönen Sarg und wir haben ihn ihm billig überlassen."

Als wir von diesem riesigen Friedhof kamen, der damals noch relativ leer war, waren wir alle beeindruckt von der ergreifenden Trauer von Frau Jeanne Raunay, der großen Künstlerin. Sie ging langsam an der Seite des großen Meisters Gevaert.

O trauriger Wintertag!

Die Proben der *Hérodiade* gingen in der Monnaie weiter. Sie waren für mich voller Freude und Überraschungen. Der Erfolg war beträchtlich. Hier ist, was ich in den Zeitungen der damaligen Zeit fand.

Endlich kam die große Nacht.

Schon am Vorabend – am Sonntag – stand das Publikum Schlange am Eingang des Theaters (die billigeren Plätze wurden damals noch nicht im Voraus verkauft). Die Kartenverkäufer verbrachten die ganze Nacht auf diese Weise, und während einige ihre Plätze am Montagmorgen zu einem hohen Preis in der Schlange verkauften, hielten sich andere zurück und verkauften Plätze im Parkett für durchschnittlich sechzig Franc. Ein Standplatz kostete hundertfünfzig Franc.

An diesem Abend wurde der Saal im Sturm erobert.

Bevor sich der Vorhang hob, betrat die Königin in Begleitung zweier Ehrendamen und Hauptmann Chrétien, dem Ordonnanzbeamten des Königs, ihre Bühnenloge.

In der Nachbarloge befanden sich Ihre Königlichen Hoheiten, der Graf und die Gräfin von Flandern, begleitet von Baron Van den Bossch d'Hylissem und Graf Oultremont de Duras, dem Großmeister des fürstlichen Haushalts.

In den Hoflogen befanden sich Jules Devaux, Chef des Kabinetts des Königs; die Generäle Goethals und Goffinet, Adjutanten; Baron Lunden, Colonel Baron Anethan, Major Donny und Captain Wyckerslooth, die Ordonnanzen des Königs.

In den Hauptlogen: M. Antonin Proust, Minister der Schönen Künste in Frankreich, mit Baron Beyens, belgischer Gesandter in Paris, den Kabinettschefs und Mme. Frère Orban usw.

In der Unterloge: M. Buls, neu gewählter Bürgermeister, und die Schöffen.

Im Parkett und auf dem Balkon saßen zahlreiche Leute aus Paris: die Komponisten Reyer, Saint-Saëns, Benjamin Godard, Joncières, Guiraud, Serpette, Duvernois, Julien Porchet, Wormser, Le Borne, Lecocq usw. usw.

Dieses brillante und emotionale Publikum, so die Chroniken der Zeit, machte das Werk zu einem überwältigenden Erfolg.

Zwischen dem zweiten und dritten Akt rief Königin Marie Henriette den Komponisten in ihre Loge und gratulierte ihm herzlich, ebenso wie Reyer, dessen *Statue* kurz zuvor in der Monnaie verliehen worden war.

Die Begeisterung steigerte sich bis zum Ende des Abends. Der letzte Akt endete unter Jubel. Es erklangen laute Rufe nach dem Komponisten und der Vorhang hob sich mehrmals, doch der „Autor" erschien nicht. Da das Publikum nicht bereit war, das Haus zu verlassen, musste der Inspizient Lapissida, der das Werk inszeniert hatte, schließlich verkünden, dass der Autor gegangen sei, sobald die Vorstellung zu Ende war.

Zwei Tage nach der Uraufführung wurde der Komponist zu einem Abendessen bei Hofe eingeladen und im *Moniteur erschien ein königlicher Erlass* , der ihn zum Chevalier de l'Ordre de Léopold ernannte.

Der durchschlagende Erfolg der Uraufführung wurde von der europäischen Presse verkündet, die das Stück fast ausnahmslos in enthusiastischen Worten lobte. Die Begeisterung der ersten Tage hielt auch bei 55 aufeinanderfolgenden Aufführungen an, die den Zeitungen zufolge jeden Abend viertausend Francs über den Abonnementseinnahmen einbrachten.

Hérodiade , das am 19. Dezember 1881 unter den außergewöhnlich glänzenden Umständen, die soeben in den Zeitungen Belgiens und anderer Länder zitiert wurden, zum ersten Mal auf der Bühne der Monnaie aufgeführt wurde, wurde nach zahlreichen Wiederaufnahmen in der ersten Novemberhälfte 1911 – fast dreißig Jahre später – in diesem Theater erneut aufgeführt. *Hérodiade* hat vor langer Zeit seine hundertste Vorstellung in Brüssel erlebt.

Und ich dachte bereits über eine neue Arbeit nach.

Kapitel XV

Der Abbé Prevost an der Opéra-Comique

An einem Herbstmorgen im Jahr 1881 war ich sehr beunruhigt, ja sogar ängstlich. Carvalho, der Direktor der Opéra-Comique, hatte mir die drei Akte von *Phoebé* von Henri Meilhac anvertraut. Ich hatte sie immer wieder gelesen, aber nichts darin gefiel mir; ich kam mit der Arbeit, die ich zu erledigen hatte, nicht klar; ich war nervös und ungeduldig.

Mit großem Mut besuchte ich Meilhac. Der glückliche Autor so vieler wunderbarer Werke und so vieler Erfolge war in seiner Bibliothek, inmitten seiner seltenen Bücher in wunderbaren Einbänden, ein Vermögen, das sich in seinen Räumen im Zwischengeschoss, in dem er in der Rue Drouot 30 lebte, stapelte.

Ich sehe ihn noch immer vor mir, wie er an einem kleinen runden Tisch neben einem großen Tisch im reinsten Louis XIV-Stil schrieb. Kaum hatte er mich gesehen, lächelte er sein freundliches Lächeln, als ob er erfreut wäre, in dem Glauben, ich hätte Neuigkeiten von unserer *Phoebé mitgebracht* .

„Ist es fertig?", fragte er.

erwiderte ich in weniger selbstsicherem Ton:

„Ja, es ist vorbei. Wir werden nie wieder darüber sprechen."

Ein Löwe in seinem Käfig hätte nicht beschämter sein können. Meine Ratlosigkeit war grenzenlos; ich sah eine Leere, ein Nichts um mich herum, als mir der Titel eines Werks wie eine Offenbarung erschien.

„ *Manon!* " rief ich und zeigte auf eines von Meilhacs Büchern.

„ *Manon Lescaut* , meinen Sie *Manon Lescaut* ?"

„Nein, *Manon* , *Manon* kurz, *Manon* , es ist *Manon!* "

Meilhac hatte sich kurz zuvor von Dudovic Halévy getrennt und sich mit Philippe Gille zusammengetan, diesem feinen, entzückenden Geist, einem weichherzigen und charmanten Mann.

„Kommen Sie morgen mit mir zum Mittagessen zu Vachette", sagte Meilhac, „und ich werde Ihnen erzählen, was ich getan habe …"

Es ist leicht vorstellbar, ob ich bei der Einhaltung dieser Verpflichtung mehr Neugier in meinem Herzen oder Appetit im Magen hatte. Ich ging zu Vachette und dort fand ich zu meiner unbeschreiblichen und freudigen Überraschung unter meiner Serviette die ersten beiden Akte von *Manon* . Die anderen drei Akte folgten innerhalb weniger Tage.

Die Idee, dieses Werk zu schreiben, verfolgte mich schon lange. Nun wurde der Traum wahr.

Hérodiade sehr aufgeregt und meine häufigen Reisen nach Brüssel sehr verunsicherten, arbeitete ich im Sommer 1881 bereits an *Manon* .

Meilhac zog in jenem Sommer in den Pavillon Henri IV in Saint-Germain. Ich überraschte ihn dort immer gegen fünf Uhr nachmittags, wenn ich wusste, dass die Arbeit des Tages erledigt sein würde. Dann erarbeiteten wir beim Spazierengehen neue Arrangements für den Text der Oper. Hier entschieden wir uns für den Akt des Séminaire, und um am Ende einen größeren Kontrast zu schaffen, verlangte ich den Akt Transsilvanien.

Wie viel Freude bereitete mir diese Zusammenarbeit, diese Arbeit, bei der wir Ideen austauschten, ohne dass es jemals zu Konflikten kam, in dem gemeinsamen Wunsch, wenn möglich, Perfektion zu erreichen.

Philippe Gille beteiligte sich von Zeit zu Zeit an dieser nützlichen Zusammenarbeit und seine Anwesenheit war mir sehr wichtig.

Welch zärtliche, angenehme Erinnerungen habe ich an diese Zeit in Saint-Germain mit seiner herrlichen Terrasse und dem üppigen Laub seines schönen Waldes. Meine Arbeit war weit fortgeschritten, als ich Anfang Sommer 1882 nach Brüssel zurückkehren musste. Während meiner verschiedenen Aufenthalte in Brüssel schloss ich in Frédérix einen wunderbaren Freund, der in seinen dramatischen und lyrischen Kritiken in den Spalten der *Indépendance belge eine seltene Meisterschaft der Feder bewies* . Er nahm in seinem eigenen Land eine herausragende Stellung im Journalismus ein und wurde auch von der französischen Presse hoch geschätzt.

Er war ein Mann von großem Wert, ausgestattet mit einem bezaubernden Charakter. Sein ausdrucksstarkes, spirituelles, offenes Gesicht erinnerte mich eher an den ältesten der Coquelins. Er war einer der ersten jener lieben guten Freunde, die ich kannte, deren Augen sich leider im langen Schlaf geschlossen haben und die weder für mich noch für diejenigen, die sie liebten, mehr da sind.

der Hérodiade während der neuen Saison weiter gesungen und sich für den Sommer in einem Landhaus in der Nähe von Brüssel niedergelassen. Mein Freund Frédérix entführte mich eines Tages dorthin, und da ich das Manuskript der ersten Akte von *Manon* dabei hatte, wagte ich eine intime Lesung vor ihm und unserer wunderbaren Interpretin. Der Eindruck, den ich mitnahm, war eine Ermutigung, mit der Arbeit fortzufahren.

Der Grund für meine Rückkehr nach Belgien zu diesem Zeitpunkt lag darin, dass ich unter durchaus amüsanten Bedingungen zu einer Reise nach Holland eingeladen worden war.

Ein holländischer Herr, ein großer Musikliebhaber, mit mehr Phlegma als Realität, wie es oft bei denen der Fall ist, die uns Rembrandts Heimatland schickt, stattete mir einen höchst ungewöhnlichen Besuch ab, so unerwartet er auch sein konnte. Er hatte erfahren, dass ich an dem Roman des Abbé Prevost arbeitete, und bot mir an, meine Penaten in Den Haag unterzubringen, in genau dem Zimmer, in dem der Abbé gelebt hatte. Ich nahm das Angebot an und schloss mich – das war im Sommer 1882 – in dem Zimmer ein, das der Autor von *Les Memories d'un homme de qualité* bewohnt hatte. Sein Bett, eine große Wiege in Form einer Gondel, stand noch dort.

Die Tage vergingen in Den Haag mit Träumen und Spaziergängen in den Dünen von Schleveningin oder in den Wäldern rund um die königliche Residenz. Dort schloss ich entzückende Freundschaften mit den Rehen, die mir den frischen Atem ihrer feuchten Schnauzen brachten.

Es war nun der Frühling 1883. Ich war nach Paris zurückgekehrt und als die Arbeit beendet war, wurde eine Anstellung bei M. Carvalho vereinbart. Dort traf ich unsere Direktorin, Mme. Miolan Carvalho, Meilhac und Philippe Gille. *Manon* wurde von neun Uhr abends bis Mitternacht gelesen. Meine Freunde schienen entzückt zu sein.

Frau Carvalho umarmte mich freudig und wiederholte immer wieder:

„Wäre ich doch zwanzig Jahre jünger!"

Ich habe die große Künstlerin so gut getröstet, wie ich konnte. Ich wollte, dass ihr Name auf der Partitur steht, und habe sie ihr gewidmet.

Wir mussten eine Heldin finden und es wurden viele Namen vorgeschlagen. Die männlichen Rollen übernahmen Talazac, Taskin und Cobalet – eine hervorragende Besetzung. Aber für Manon konnte man keine Wahl treffen. Viele hatten zwar Talent und sogar großen Ruhm, aber ich hatte nicht das Gefühl, dass ein einziger Künstler für die Rolle geeignet war, wie ich sie wollte, und der die perfide, süße Manon mit all dem Herzen spielen konnte, das ich in sie gesteckt hatte.

Ich fand jedoch eine junge Künstlerin, Mme. Vaillant Couturier, die über so attraktive Stimmqualitäten verfügte, dass ich ihr eine Kopie einiger Passagen der Partitur anvertraute. Ich ließ sie diese bei meinem Verleger durcharbeiten. Sie war tatsächlich meine erste Manon.

Zu dieser Zeit spielten sie im Les Nouveautes eines der großen Erfolge von Charles Lecocq. Mein guter Freund, der Marquis de la Valette, ein Pariser der Pariser, schleppte mich eines Abends dorthin. Mlle. Vaillant – später Mme. Couturier – die bezaubernde Künstlerin, von der ich gesprochen habe, spielte die Hauptrolle hinreißend. Sie interessierte mich sehr; in meinen Augen ähnelte sie sehr einem jungen Blumenmädchen auf dem Boulevard

Capucines. Ich hatte nie mit diesem entzückenden jungen Mädchen (*proh pudor*) gesprochen, aber ihr Aussehen besessen mich und ihre Erinnerung begleitete mich ständig; sie war genau die Manon, die ich während meiner Arbeit vor meinem geistigen Auge hatte.

Ich war hingerissen von der fesselnden Artigkeit der „Les Nouveautes" und bat um ein Gespräch mit dem sympathischen Direktor des Theaters, einem freien und offenen Mann und unvergleichlichen Künstler.

„ *Erlauchter Herr* ", begann er, „was bringt Euch der gute Wind? Ihr seid hier zu Hause, wie Ihr wisst!"

„Ich bin gekommen, um Sie zu bitten, mir Mlle. Vaillant für eine neue Oper zu überlassen."

„Lieber Mann, was Sie wollen, ist unmöglich; ich brauche Mlle. Vaillant. Ich kann sie Ihnen nicht überlassen."

"Meinst du es?"

„Aber ich glaube, wenn du ein Werk für mein Theater schreiben würdest, würde ich dir diesen Künstler überlassen. Ist das ein Schnäppchen, *Bibi* ?"

Dabei blieb es bei lediglich vagen Versprechungen auf beiden Seiten.

Während dieser Dialog im Gange war, bemerkte ich, dass der hervorragende Marquis de La Valette damit beschäftigt war, einen hübschen, grauen Hut voller Rosen im Foyer hin und her zu tragen.

Auf einmal sah ich den hübschen Hut auf mich zukommen.

„Also erkennt ein Debütant eine Debütantin nicht mehr?"

„Heilbronn!" rief ich.

"Sie selber!"

Heilbronn erinnerte sich an die Widmung auf meinem Erstlingswerk, mit dem sie zum ersten Mal auf der Bühne auftrat.

"Singst du noch?"

„Nein, ich bin reich, aber trotzdem – soll ich es Ihnen sagen? – vermisse ich die Bühne. Sie verfolgt mich. Oh, wenn ich nur eine gute Rolle finden könnte!"

"Ich habe eins in *Manon* ."

" *Manon Lescaut* ?"

„Nein, *Manon* . Das ist alles."

"Darf ich die Musik hören?"

"Wenn du magst."

"Diesen Abend?"

„Unmöglich, es ist fast Mitternacht.“

"Was? Ich kann nicht bis zum Morgen warten. Ich fühle, dass da etwas dran ist. Geh und hol die Partitur. Du findest mich in meiner Wohnung (der Künstler wohnte in den Champs Élysées) mit offenem Klavier und eingeschaltetem Licht."

Ich habe getan, was sie gesagt hat.

Ich ging nach Hause und holte die Partitur. Es hatte halb fünf geschlagen, als ich die letzten Takte von Manons Tod sang.

Während meiner Darbietung war Heilbronn zu Tränen gerührt. Ich hörte sie schluchzend seufzen: „Es ist mein Leben ... das ist mein Leben.“

Auch dieses Mal zeigte die Fortsetzung, dass es richtig war, abzuwarten und mir Zeit zu lassen, einen Künstler auszuwählen, der mein Werk leben sollte.

Am Tag nachdem er *Manon gehört hatte* , unterschrieb Carvalho den Vertrag.

Im folgenden Jahr, nach mehr als achtzig aufeinanderfolgenden Auftritten, erfuhr ich vom Tod von Marie Heilbronn! ...

Ich zog es vor, die Aufführungen abzubrechen, anstatt mir die Aufführung von jemand anderem anhören zu müssen. Einige Zeit später ging die Opéra-Comique in Flammen auf. *Manon* wurde zehn Jahre lang nicht mehr aufgeführt. Die liebe, einzigartige Sybil Sanderson übernahm die Arbeit an der Opéra-Comique und spielte in der zweihundertsten Aufführung.

Ein Ruhm war mir bei der fünfhundertsten Aufführung vorbehalten. *Manon* wurde von Marguerite Carré gesungen. Vor einigen Monaten wurde dieser hinreißenden, exquisiten Künstlerin am Abend der 740. Aufführung Beifall gezollt.

Im Vorbeigehen möchte ich den wunderbaren Künstlern Tribut zollen, die an der Aufführung teilgenommen haben. Ich möchte Fräulein Mary Garden, Geraldine Farrar, Lina Cavalieri, Mme. Bréjean-Silver, Fräulein Courtenay, Geneviève Vix, Mmes. Edvina und Nicot-Vauchelet und noch andere liebe Künstler erwähnen. Sie werden mir verzeihen, wenn mir nicht alle Namen im Moment in den Sinn kommen.

Das Italienische Theater (Saison Maurels) führte, wie bereits erwähnt, zwei Wochen nach der Uraufführung von *Manon Hérodiade auf*, mit den folgenden bewundernswerten Künstlern: Fidès Devriès, Jean de Reszke, Victor Maurel, Edouard de Reszke.

Während ich diese Zeilen im Jahr 1911 schreibe, setzt *Hérodiade* seine Karriere am Théâtre-Lyrique de la Gaîté fort (unter der Leitung der Brüder Isola), die das Werk 1903 mit der berühmten Emma Calvé aufführten. Am Tag nach der Uraufführung von *Hérodiade* in Paris erhielt ich diese Zeilen von unserem berühmten Meister Gounod:

Sonntag, 3. Februar 1984.

Mein lieber Freund:

Der Ruf nach Deinem Erfolg mit *Hérodiade* erreicht mich; aber der des Werkes selbst fehlt mir, und ich werde es mir so bald wie möglich anhören, wahrscheinlich Samstag. Nochmals neue Glückwünsche und

Viel Glück,
C. H. GOUNOD.

Inzwischen setzte Marie Magdalena ihre Karriere bei den großen Festivals im Ausland fort. Mit tiefem Stolz erinnere ich mich an den folgenden Brief, den Bizet mir einige Jahre zuvor schrieb.

Unsere Schule hat nichts Vergleichbares hervorgebracht. Du machst mich krank, Räuber.

Ich wette, Sie sind ein stolzer Musiker.

Meine Frau hat *Marie Magdalena gerade* hinter Schloss und Riegel gesteckt!

Dieses Detail ist beredt, nicht wahr?

Der Teufel! Du bist wirklich nervig geworden.

Glauben Sie mir, dass niemand in seiner Bewunderung und Zuneigung aufrichtiger ist als Ihr,

BIZET.

Dies ist das Zeugnis meines hervorragenden Kameraden und treuen Freundes George Bizet – eines Freundes und Kameraden, der uns treu geblieben wäre, wenn ihn uns nicht das blinde Schicksal auf der vollen Blüte seines erstaunlichen und wunderbaren Talents entrissen hätte.

Als er diese Welt verließ, war er noch in der Frühe seines Lebens und hätte in der Kunst, der er sich mit so viel Liebe widmete, alles erreichen können.

KAPITEL XVI

FÜNF KOLLABORATIONEN

Wie üblich wartete ich nicht, bis *Manons* Schicksal entschieden war, sondern begann, meinen Verleger Hartmann zu quälen, er solle aufwachen und mir ein neues Thema suchen. Ich hatte meine Klage kaum beendet, der er schweigend und mit einem Lächeln auf den Lippen zuhörte, als er zu einem Schreibtisch ging und fünf Manuskriptbände herausnahm, die auf dem unter Kopisten wohlbekannten gelben Papier geschrieben waren. Es war *Le Cid*, eine Oper in fünf Akten von Louis Gallet und Edouard Blatt. Als er mir das Manuskript anbot, machte Hartmann diesen Kommentar, auf den ich nichts zu erwidern hatte: „Ich kenne Sie. Ich hatte diesen Ausbruch vorausgesehen."

Es war für mich eine große Freude, ein Werk zu verfassen, das auf dem Meisterwerk des großen Corneille basiert. Das Libretto war den Mitarbeitern zu verdanken, die ich beim Wettbewerb für die Kaiserliche Oper, *La Coup de roi de Thulé*, gewonnen hatte, bei dem ich, wie bereits gesagt, nicht den ersten Preis errang.

Ich lernte den Text auswendig, wie immer. Ich wollte ihn ständig im Kopf haben, ohne den Text in der Tasche haben zu müssen, um ihn auch unterwegs, auf der Straße, in Gesellschaft, beim Abendessen, im Theater oder überall, wo ich Zeit fand, verarbeiten zu können. Ich kann mich nur schwer von einer Aufgabe lösen, besonders wenn sie mich, wie in diesem Fall, fesselt.

Während ich arbeitete, erinnerte ich mich daran, dass d'Ennery mir vor einiger Zeit ein wichtiges Libretto anvertraut hatte und dass ich im fünften Akt eine sehr bewegende Situation gefunden hatte. Obwohl mir der Text nicht so wichtig erschien, dass ich die Musik dazu schreiben wollte, wollte ich diese Situation beibehalten. Ich erzählte es dem berühmten Dramatiker und erhielt seine Zustimmung, diese Szene in den zweiten Akt von *Le Cid einzufügen*. So wurde d'Ennery zu einem Mitarbeiter. In dieser Szene erfährt Chimène, dass Rodriguez der Mörder ihres Vaters ist.

Einige Tage später, als ich den Roman von Guilhem de Castro las, stieß ich auf eine Begebenheit, die zum Tableau wurde, in dem dem weinenden Cid die tröstende Erscheinung erscheint – das zweite Tableau im dritten Akt. Die Inspiration dazu stammte von der Erscheinung Jesu vor dem heiligen Julien dem Hospitalier.

Ich setzte meine Arbeit an *Le Cid fort*, wo immer ich mich gerade aufhielt, denn die Aufführungen von *Manon* führten mich in die Provinztheater, wo sie das Stück sowohl in Frankreich als auch im Ausland im Wechsel mit *Hérodiade aufführten.*

Ich schrieb das Ballett für *Le Cid* während eines ziemlich langen Aufenthalts in Marseille. Ich hatte es mir in meinem Zimmer im Hotel Beauveau mit seinen langen vergitterten Fenstern, die auf den alten Hafen hinausgingen, sehr gemütlich gemacht. Die Aussicht war geradezu märchenhaft. Das Zimmer war mit bemerkenswerten Paneelen und Spiegeln geschmückt, und als ich mein Erstaunen darüber ausdrückte, dass sie so gut erhalten waren, sagte mir der Besitzer, dass das Zimmer ein Objekt besonderer Sorgfalt sei, weil Paganini, Alfred de Musset und George Sand alle einmal dort gelebt hätten. Der Kult der Erinnerungen erreicht manchmal den Punkt des Fetischismus.

Es war Frühling. In meinem Zimmer duftete es nach Nelkensträußen, die mir meine Freunde aus Marseille jeden Tag schickten. Wenn ich Freunde sage, ist das Wort zu schwach; vielleicht muss man sich mit der Mathematik befassen, um das Wort zu verstehen, und selbst dann?

Die Freunde in Marseille überschütteten mich mit Rücksicht, Aufmerksamkeit und unendlicher Freundlichkeit. Das ist das Land, in dem man den Kaffee süßt, indem man ihn draußen auf den Balkon stellt, denn das Meer besteht aus Honig!

Bevor ich die freundliche Gastfreundschaft dieser phokäischen Stadt verließ, erhielt ich den folgenden Brief von den Direktoren der Oper, Ritt und Gailhard:

"Mein lieber Freund,

„Können Sie Tag und Uhrzeit für Ihre Lesung von Le Cid festlegen?

„In Freundschaft,
„E. Ritt.“

Aber ich hatte aus Paris große Sorgen wegen der Rollenverteilung mitgebracht. Ich wollte, dass die erhabene Mme. Fidès Devriès die Rolle der Chimène spielt, aber sie sagten, dass sie seit ihrer Heirat nicht mehr auf der Bühne auftreten wollte. Ich war auch auf meine Freunde Jean und Edouard de Reszke angewiesen, die extra nach Paris gekommen waren, um über *Le Cid zu sprechen* . Sie wussten von meinen Plänen für sie. Wie oft bin ich die Treppen des Hotels Scribe hinaufgestiegen, in dem sie lebten!

Schließlich wurden die Verträge unterzeichnet und schließlich fand die Lesung statt, wie von der Oper gewünscht.

Wenn ich vom Ballett in *Le Cid spreche* , erinnere ich mich, dass ich das Motiv, mit dem das Ballett beginnt, in Spanien gehört habe. Ich war damals in der

Gegend von *Le Cid* und lebte in einem bescheidenen Gasthof. Zufällig feierten sie eine Hochzeit und tanzten die ganze Nacht im unteren Zimmer des Hotels. Mehrere Gitarren und zwei Flöten wiederholten eine Tanzmelodie, bis sie ausgebrannt waren. Ich habe sie mir notiert. Sie wurde zum Motiv, über das ich schreibe, ein Stück Lokalkolorit, das ich aufgegriffen habe. Ich ließ es mir nicht entgehen. Ich hatte dieses Ballett für Mlle. Rosita Mauri bestimmt, die bereits einige wunderbare Tänze an der Oper aufgeführt hatte. Ich verdankte der berühmten Tänzerin sogar einige interessante Rhythmen.

Das Land der Magyaren und Frankreich waren zu allen Zeiten durch Bande tiefer, herzlicher Sympathie verbunden. Es war daher keine Überraschung, als die ungarischen Studenten vierzig Franzosen – darunter auch ich – einluden, nach Ungarn zu reisen, um an Festlichkeiten teilzunehmen, die sie zu unseren Ehren veranstalten wollten.

Wir brachen an einem schönen Augustabend als fröhliche Karawane zu den Ufern der Donau auf, François Coppée, Léo Delibes, Georges Clairin, die Doktoren Pozzi und Albert Rodin und viele andere Kameraden und nette Freunde. Dann kamen auch einige Zeitungsleute . Ferdinand de Lesseps war unser Anführer, um uns zu leiten, wenn nicht durch Ruhm, so doch durch seinen Namen. Unser berühmter Landsmann war damals fast achtzig. Er trug die Last der Jahre so leicht, dass man einen Moment lang hätte meinen können, er sei der Jüngste in der Truppe.

Wir fuhren in ausgelassener Fröhlichkeit los. Die Fahrt war ein einziger ununterbrochener Strom von Scherzen und humorvollem Witz, vermischt mit Farce und endlosen Nettigkeiten.

Der Speisewagen war für uns reserviert. Wir verließen ihn die ganze Nacht nicht und unser Schlafwagen war absolut unbesetzt.

Als wir durch München fuhren, hielt der Orient-Express fünf Minuten, um zwei Reisende aussteigen zu lassen, einen Mann und eine Frau, die es, wir wussten nicht, wie, geschafft hatten, sich in eine Ecke des Speisewagens zu drängen und all unseren Albernheiten ruhig zuzuhören. Als sie den Zug verließen, machten sie mit ausländischem Akzent diese ziemlich scharfe Bemerkung: „Diese vornehmen Personen scheinen ziemlich gewöhnlich zu sein." Wir hatten sicher nicht die Absicht, dieses puritanische Paar zu verärgern, und wir überschritten nie die Grenzen von Heiterkeit und Spaß.

Die Reise dieser zwei Wochen war weiterhin voller Vorfälle, bei denen Witz und Burleske miteinander wetteiferten.

Jeden Abend, nach den herzlichen und enthusiastischen Empfängen der ungarischen Jugend, verließ uns Ferdinand de Lesseps, unser verehrter Chef, der in allen ungarischen Reden der „Große Franzose" genannt wurde, nachdem er die Reihenfolge der Empfänge des nächsten Tages festgelegt hatte. Als er mit der Zusammenstellung unseres Programms fertig war, fügte er hinzu: „Morgen früh um vier Uhr, im Abendkleid." Und der „Große Franzose" war der Erste, der aufstand und sich anzog. Wenn wir ihm zu seiner außergewöhnlichen jugendlichen Energie gratulierten, entschuldigte er sich wie folgt: „Die Jugend muss sich abnutzen."

Während der Festlichkeiten aller Art, die sie zu unseren Ehren veranstalteten, arrangierten sie ein Galaspektakel, eine große Aufführung im Théâtre Royal in Budapest. Delibes und ich wurden beide gebeten, einen Akt aus einem unserer Werke zu dirigieren.

Als ich das Orchester erreichte, fand ich unter dem Jubel des Publikums (nur in Ungarn ruft man „Elyen") auf dem Pult die Partitur ... des ersten Akts von *Coppelia*, obwohl ich erwartet hatte, den dritten Akt von *Hérodiade vor mir zu haben*, den ich dirigieren sollte. Umso schlimmer! Es ließ sich nichts machen, und ich musste den Takt schlagen – aus dem Gedächtnis.

Die Handlung wurde immer spannender.

Das Forum aus dem ersten Akt von Roma. Siehe Seite 300

Als Delibes, der die gleichen Ehren erhalten hatte wie ich, den dritten Akt der *Hérodiade* auf seinem Pult sah und ich wieder zu meinen Gefährten im Publikum gesellt war, bot er ein einmaliges Schauspiel. Mein armer, lieber, großer Freund wischte sich die Stirn, drehte sich hin und her, holte tief Luft, bat die ungarischen Musiker – die kein Wort von dem verstanden, was er sagte –, ihm die richtige Partitur zu geben, aber alles vergebens.

Er musste aus dem Gedächtnis dirigieren. Das schien ihn zur Verzweiflung zu bringen, aber Delibes, der bezaubernde Musiker, war über eine solche kleine Schwierigkeit weit erhaben.

Nach dieser Unterhaltung nahmen wir alle an einem riesigen Bankett teil, bei dem natürlich Toasts de rigueur waren. Ich brachte einen auf den großen Musiker Franz Liszt aus – Ungarn hatte die Ehre, ihn zur Welt zu bringen.

Als Delibes an die Reihe kam, schlug ich ihm vor, an seiner Rede mitzuwirken, wie wir es in der Oper mit unseren Partituren getan hatten. Ich sprach für ihn, er sprach für mich. Das Ergebnis war eine Abfolge zusammenhangloser Sätze, die von unseren Landsleuten mit frenetischem Applaus und den begeisterten „Elyens" der Ungarn aufgenommen wurden.

Ich möchte hinzufügen, dass Delibes und ich uns wie alle anderen in einem Zustand herrlicher Trunkenheit befanden, denn die wunderbaren Weinberge Ungarns sind wahrlich die des Herrn selbst. Es muss etwas mit dem Kopf nicht stimmen, wenn man den Charme dieser Weine mit ihrem üppigen, berauschenden Bouquet nicht genießt.

Vier Uhr morgens! Wir waren, wie befohlen, im Abendkleid (wir hatten es tatsächlich nicht gewechselt) und bereit, Kränze am Grab der vierzig ungarischen Märtyrer niederzulegen, die für die Befreiung ihres Landes gestorben waren.

Doch bei all diesen verrückten Verrücktheiten, all diesen Ablenkungen und eindrucksvollen Zeremonien dachte ich an die Proben von *Le Cid*, die bei meiner Rückkehr nach Paris auf mich warteten. Als ich zurückkam, fand ich ein weiteres Souvenir aus Ungarn, einen Brief des Autors von *La Messe du Saint Graal*, dem Vorläufer von *Parsifal*:

"Sehr geehrter Mitbruder,

„Die Ungarische *Zeitung* teilt mir mit, dass Sie beim französischen Bankett in Budapest wohlwollend zu meinen Gunsten ausgesagt haben. Aufrichtigen Dank und stets freundliche Grüße.

„F. Liszt."

26. August 1985. Weimar.

Die Bühnenproben von *Le Cid* an der Oper wurden mit erstaunlicher Sicherheit und Geschick von meinem lieben Direktor P. Gailhard durchgeführt, einem Meister dieser Kunst, der zudem einer der bewundernswertesten Künstler auf der Bühne war. Er tat alles zum Wohle des Werkes in inniger Freundschaft. Es ist mir eine angenehme Pflicht, ihm dafür Ehre zu erweisen.

Später erwies er sich als derselbe unschätzbare Mitarbeiter, als *Ariane* an der Opéra aufgeführt wurde.

Am Abend des 20. November 1885 stand an der Opéra die Uraufführung von *Le Cid auf dem Programm*, während die Opéra-Comique am selben Abend *Manon spielte*, das bereits seine achtzigste Aufführung hinter sich hatte.

Trotz der guten Nachrichten von der Generalprobe von *Le Cid* verbrachte ich den Abend mit den Künstlern bei *Manon*. Selbstverständlich drehte sich in den Kulissen der Opéra-Comique alles um die Uraufführung von *Le Cid*, die damals in vollem Gange war.

Trotz meiner scheinbaren Ruhe war ich im Innersten äußerst beunruhigt, und kaum war der Vorhang nach dem fünften Akt von *Manon gefallen* , ging ich, statt nach Hause zu gehen, in die Oper. Eine unwiderstehliche Kraft zog mich dorthin.

Als ich an der Außenseite des Hauses entlangging, aus dem eine elegante und große Menschenmenge strömte, belauschte ich einen Gesprächsfetzen zwischen einem bekannten Journalisten und einem Reporter, der sich eilig nach den Ergebnissen des Abends erkundigte. „Es platzt, mein lieber Junge.“

Ich war sehr beunruhigt, wie es in jedem Fall sein musste, und lief ins Direktorenzimmer, um weitere Neuigkeiten zu erfahren. Am Künstlereingang traf ich Frau Krause. Sie umarmte mich begeistert und sagte: „Es ist ein Triumph!“

Muss ich sagen, dass mir die Meinung dieser bewundernswerten Künstlerin lieber war? Sie hat mich vollkommen getröstet.

Hérodiade als auch *Manon* aufgeführt wurden .

Les Deux Cortèges , und Paul Marieton, dem lebhaften Provinzdichter, in einem Restaurant zu Abend speiste , überreichte man mir das folgende Telegramm von Hartmann:

„Fünfte Vorstellung von *Le Cid* um einen Monat verschoben. Riesiger Vorverkauf wieder da. Künstler krank.“

Ich war damals nervös, verlor das Bewusstsein und war so lange bewusstlos, dass meine Freunde große Angst hatten.

Doch nach drei Wochen tauchte *Le Cid* wieder auf den Rechnungen auf, und mir wurde erneut bewusst, dass ich von tiefer Sympathie umgeben war, wie der folgende Brief zeigt:

„Mein lieber Mitbruder:

„Ich muss Ihnen zu Ihrem Erfolg gratulieren und Ihnen so schnell wie möglich applaudieren. Ich bin erst am Freitag, dem 11. Dezember, an der Reihe, meine Loge einzunehmen, und ich bitte Sie, dafür zu sorgen, dass *Le Cid* an diesem Tag, Freitag, dem 11. Dezember, gegeben wird .

„H. D'ORLEANS.“

Wie gerührt und stolz war ich über diese Aufmerksamkeit seiner königlichen Hoheit, des Herzogs von Aumale!

Ich werde mich immer an die wunderbaren und inspirierenden Tage im Schloss Chantilly mit meinen Mitbrüdern am Institut Léon Bonnat, Benjamin Constant, Edouard Detaille und Gérôme erinnern. Unser Empfang durch unseren königlichen Gastgeber war in seiner Einfachheit bezaubernd und seine Konversation war die eines hervorragenden Literaten, gelehrt, aber unprätentiös. Es war fesselnd und anziehend für uns, als wir uns alle in der Bibliothek versammelten, wo der Prinz uns durch seine vollkommene Einfachheit bezauberte, als er mit uns sprach, die Pfeife im Mund, wie er es so oft im Lager unter unseren Soldaten getan hatte.

Nur die Großen dieser Erde verstehen es, solche Momente herrlicher Vertrautheit hervorzubringen.

Und *Le Cid* setzte seinen Weg sowohl in die Provinz als auch ins Ausland fort.

Im Oktober 1900 wurde in der Oper die hundertste Aufführung gefeiert und am 21. November 1911, nach 26 Jahren, las ich in der Zeitung:

„Die Aufführung von *Le Cid* gestern Abend war eine der besten. Ein volles Haus applaudierte begeistert dem wunderschönen Werk von M. Massenet und seinen Interpreten: Mlle. Bréval, Mm. Franz und Delmas und dem Star des Balletts, Mlle. Zambelli."

Ich hatte mich besonders über die Aufführungen dieses Werks gefreut, die diesem vorausgegangen waren. Nach dem erhabenen Fidès Devriès wurde Chimène in Paris von der unvergleichlichen Mme. Rose Caron, der großartigen Mme. Adiny, der bewegenden Mlle. Mérentié und insbesondere von Louise Grandjean, der hervorragenden Professorin am Konservatorium, gesungen.

KAPITEL XVII

EINE REISE NACH DEUTSCHLAND

Am Sonntag, dem 1. August, gingen Hartmann und ich ins Wagner-Theater nach Bayreuth, um *Parsifal zu hören. Nachdem wir dieses einzigartige Wunder gehört hatten* , besuchten wir die Hauptstadt Oberfrankens. Einige der dortigen Monumente sind sehenswert. Ich wollte vor allem die Stadtkirche sehen. Sie ist ein Beispiel der gotischen Architektur der Mitte des 15. Jahrhunderts und Maria Magdalena geweiht. Es ist nicht schwer, sich vorzustellen, welche Erinnerungen mich zu diesem bemerkenswerten Gebäude führten.

Nachdem wir durch verschiedene deutsche Städte gereist waren und verschiedene Theater besucht hatten, brachte mich Hartmann, der eine eigene Idee hatte, nach Wetzlar, wo er Werther gesehen hatte. Wir besuchten das Haus, in dem Goethe seinen unsterblichen Roman *Die Leiden des jungen Werther geschrieben hatte* .

Ich kannte die Briefe Werthers und konnte mich mit spannungsgeladenen Erinnerungen daran erfreuen. Es hat mich tief beeindruckt, in dem Haus zu sein, das Goethe berühmt gemacht hat, indem er seinen Helden dort leben und lieben ließ.

Als wir herauskamen, sagte Hartmann: „Ich habe etwas, um die offensichtlich tiefen Gefühle, die Sie empfunden haben, zu vervollständigen."

Während er sprach, zog er ein Buch aus der Tasche, dessen Einband vom Alter vergilbt war. Es war die französische Übersetzung von Goethes Roman. „Diese Übersetzung ist perfekt", sagte Hartmann, trotz des Aphorismus *Traduttore traditore* , dass eine Übersetzung die Gedanken des Autors völlig verzerrt.

Ich hatte das Buch kaum in der Hand, als ich es sofort lesen wollte. Wir gingen in eine dieser riesigen Bierhallen, die es in Deutschland überall gibt. Wir setzten uns und bestellten zwei riesige Böcke, wie unsere Nachbarn es getan hatten. Unter den verschiedenen Gruppen befanden sich Studenten, die man leicht an ihren Gelehrtenmützen erkennen konnte und die Karten oder andere Spiele spielten, fast alle mit Porzellanpfeifen im Mund. Frauen dagegen waren nur wenige da.

Es ist unnötig zu erzählen, was ich in dieser dicken, fauligen Luft, die mit dem bitteren Geruch des Bieres beladen war, erdulden musste. Aber ich konnte nicht aufhören, diese brennenden Briefe voller intensivster Leidenschaft zu lesen. Und was könnte einen mehr bewegen als die folgenden Zeilen, die mir unter so vielen anderen in Erinnerung geblieben sind, in denen sich Werther und Charlotte nach der aufregenden Lektüre von Ossians Versen vor lauter Angst in die Arme schlossen?

„Warum weckst du mich, Atem des Frühlings? Du streichelst mich und sagst, ich sei beladen mit dem Tau des Himmels, doch die Melodie kommt, wenn ich verwelken muss, der Sturm, der meine Blätter niederschlagen muss, ist nahe. Morgen wird der Reisende kommen; sein Auge wird mich überall suchen und mich nicht mehr finden ...“

Und Goethe fügt hinzu:

"Der unglückliche Werther fühlte sich von der Wucht dieser Worte erdrückt und warf sich in völliger Verzweiflung vor Charlotte. Charlotte war, als ob eine Ahnung des furchtbaren Plans, den er geschmiedet hatte, durch ihre Seele ging. Ihre Sinne taumelten; sie ergriff seine Hände und drückte sie an ihre Brust; sie neigte sich zärtlich zu ihm und ihre glühenden Wangen berührten sich."

Solch eine wahnsinnige, ekstatische Leidenschaft trieb mir Tränen in die Augen. Was für eine bewegende Szene, was für ein leidenschaftliches Bild das ergeben müsste! Es war *Werther*, mein dritter Akt.

Ich war jetzt ganz Leben und Glück. Ich war in Arbeit und in beinahe fieberhafte Aktivität vertieft. Es war eine Aufgabe, die ich erledigen wollte, in die ich aber, wenn möglich, den Gesang jener bewegenden, lebhaften Leidenschaften einfließen lassen musste.

Die Umstände wollten es jedoch, dass ich dieses Projekt vorerst auf Eis legte. Carvalho schlug mir *Phoebé vor und der Zufall brachte mich dazu, Manon zu schreiben*

.

Dann erfüllte *Le Cid* mein Leben. Endlich, im Sommer 1885, ohne das Ergebnis dieser Oper abzuwarten, kamen Hartmann, Paul Milliet, mein großer, großartiger Mitarbeiter bei *Hérodiade*, und ich überein, die Aufgabe zu übernehmen, *Werther zu schreiben*.

Um mich zu noch eifrigerer Arbeit anzuspornen (als ob ich das nötig hätte), buchte mein Verleger – er hatte ein Szenario improvisiert – für mich im Reservoirs in Versailles eine große Erdgeschosswohnung auf der Ebene der Gärten unseres großen Le Notre.

Der Raum, in dem ich untergebracht war, hatte eine hohe Decke mit Paneelen aus dem 18. Jahrhundert und war im gleichen Stil eingerichtet. Der Tisch, an dem ich schrieb, war der reinste Louis XV-Stil. Hartmann hatte alles bei den berühmtesten Antiquaren ausgesucht.

Hartmann hatte eine besondere Begabung für seinen Teil der Arbeit. Er sprach sehr gut Deutsch, er verstand Goethe, er liebte die deutsche Denkweise und bestand darauf, dass ich die Arbeit übernehmen sollte.

Als mir eines Tages vorgeschlagen wurde, ich solle eine Oper über Murgers „*La Vie de Bohème*" *schreiben* , lehnte er das Werk ohne jegliche Rücksprache mit mir ab.

Ich wäre sehr versucht gewesen, das zu tun. Ich wäre gern Henry Murger in seinem Leben und Werk gefolgt. Er war auf seine Weise ein Künstler. Théophile Gautier nannte ihn zu Recht einen Dichter, obwohl er als Prosaschriftsteller brillierte. Ich glaube, ich hätte ihm durch diese eigentümliche Welt folgen können, die er geschaffen hat und die er uns auf tausend Arten im Gefolge der amüsantesten Originale, die wir je gesehen haben, durchqueren lässt. Und eine solche Fröhlichkeit, solche Tränen, solche Ausbrüche von wildem Gelächter und eine solche mutige Armut, wie Jules Janin sagte, hätten mich, glaube ich, gefesselt. Wie Alfred de Musset – einer seiner Meister – hatte er Anmut und Stil, unbeschreibliche Zärtlichkeit, fröhliches Lächeln, den Schrei des Herzens, Emotion. Er sang Lieder, die den Liebenden am Herzen liegen und uns alle bezaubern. Seine Geige war keine Stradivari, sagte man, aber er hatte eine Seele wie Hoffman und er wusste, wie man spielt, um Tränen hervorzurufen.

Ich kannte Murger persönlich, sogar so gut, dass ich ihn in der Nacht seines Todes noch einmal sah. Während meines Aufenthalts war ich bei einem sehr ergreifenden Interview dabei, aber selbst das hatte eine komische Note. Bei Murger hätte es nicht anders sein können.

La Vie de Bohème) hereinbrachten . Murger aß herrliche Trauben, die er von seinem letzten Louis gekauft hatte, und Schaune sagte lachend: „Wie dumm von Ihnen, Ihren Wein in Tablettenform zu trinken!"

Da ich nicht nur Murger, sondern auch Schaunard und Musette kannte, schien es mir, als gäbe es niemanden, der besser geeignet wäre, der Musiker von *La Vie de Bohème zu sein als ich* . Aber all diese Helden waren meine Freunde, und ich sah sie jeden Tag, sodass ich verstand, warum Hartmann dachte, der Moment sei noch nicht gekommen, dieses so eindeutig Pariser Werk zu schreiben, die Romanze zu besingen, die einen so großen Teil meines Lebens ausgemacht hatte.

Wenn ich von dieser Zeit spreche, die schon lange zurückliegt, erinnere ich mich gern daran, dass ich Corot in Ville-d'Avray kannte, ebenso wie unseren berühmten Harpignies, der trotz seiner 92 Jahre, während ich dies schreibe, in der ganzen Kraft seines immensen Talents steht. Erst gestern stieg er fröhlich auf meinen Boden. Oh, der liebe, große Freund, der wunderbare Künstler, den ich seit 50 Jahren kenne!

Als die Arbeit beendet war, ging ich am 25. Mai zu M. Carvalho. Ich hatte Mme. Rose Caron, damals an der Oper, gebeten, mir beim Lesen zu helfen. Die bewundernswerte Künstlerin blätterte neben mir im Manuskript und zeigte dabei zeitweise tiefste Emotionen. Ich las die vier Akte allein und als ich den Höhepunkt erreichte, war ich erschöpft und ausgelaugt.

Dann kam Carvalho wortlos zu mir, sagte aber schließlich:

„Ich hatte gehofft, Sie würden mir eine andere *Manon bringen* ! Dieses düstere Thema ist uninteressant. Es ist von Anfang an verdammt."

Wenn ich heute darüber nachdenke, verstehe ich seinen Eindruck vollkommen, besonders wenn ich daran denke, wie viele Jahre ich leben musste, bevor ich das Werk bewundern konnte.

Carvalho war freundlich und bot mir erlesenen Wein an, Bordeaux, glaube ich, ähnlich dem, den ich an einem freudigen Abend probiert hatte, als ich *Manon las* ... Meine Kehle war so trocken wie meine Sprache; ich ging hinaus, ohne ein Wort zu sagen.

Am nächsten Tag, *horresco referens* , ja, am nächsten Tag war ich wieder am Boden zerstört, die Opéra-Comique existierte nicht mehr. Sie war in der Nacht durch einen Brand völlig zerstört worden. Ich eilte zu Carvalho. Wir fielen uns in die Arme, umarmten uns unter Tränen und weinten. Mein armer Regisseur war ruiniert. Unerbittliches Schicksal! Das Werk musste sechs Jahre in Stille und Vergessenheit warten.

Manon aufgeführt ; die hundertste Aufführung war in kurzer Zeit erreicht und vorbei. Die österreichische Hauptstadt hatte mir einen freundlichen und beneidenswerten Empfang bereitet; so sehr, dass sie Van Dyck auf die Idee brachte, mich um ein Werk zu bitten.

Nun schlug ich *den Werther vor* . Der Mangel an gutem Willen seitens der französischen Regisseure ließ mir freie Hand, über diese Partitur zu verfügen.

Die Wiener Oper war ein kaiserliches Theater. Die Direktion bat den Kaiser, mir eine Wohnung zur Verfügung zu stellen, und er bot mir großzügigerweise eine im berühmten Hotel Sacher neben der Oper an.

Mein erster Besuch nach meiner Ankunft galt dem Direktor Jahn. Dieser freundliche, hervorragende Meister führte mich in das Foyer, wo die Proben stattfinden sollten. Es war ein riesiger Raum, der durch riesige Fenster erhellt und mit großen Stühlen ausgestattet war. Ein Ganzkörperporträt von Kaiser Franz Joseph schmückte eine der Tafeln; in der Mitte des Raumes stand ein Flügel.

Alle Künstler von *Werther* hatten sich um das Klavier versammelt, als Jahn und ich das Foyer betraten. Als sie uns sahen, erhoben sie sich geschlossen und verbeugten sich grüßend.

Auf diesen rührenden Ausdruck respektvollen Mitgefühls – dem unser großer Van Dyck eine äußerst liebevolle Umarmung hinzufügte – reagierte ich mit einer Verbeugung und setzte mich dann, etwas nervös und am ganzen Leib zitternd, ans Klavier.

Das Werk war absolut in Form. Alle Künstler konnten ihre Parts auswendig singen. Die herzlichen Demonstrationen, die sie mir zwischendurch gaben, berührten mich so sehr, dass mir die Tränen in die Augen stiegen.

Bei der Orchesterprobe kam dieses Gefühl wieder auf. Die Aufführung war perfekt; das Orchester, mal leise, mal laut, folgte den Schattierungen der Stimme, so dass ich mich nicht mehr aus der Verzauberung lösen konnte.

Die Generalprobe fand am 15. Februar von 9 Uhr morgens bis 12 Uhr mittags statt und ich sah (eine unbeschreibliche, süße Überraschung) im Orchesterparkett meinen lieben Verleger Henri Heugel, Paul Milliet, meinen wertvollen Mitarbeiter und enge Freunde aus Paris. Sie waren von weit her angereist, um mich in der österreichischen Hauptstadt unter großer und lebhafter Freude zu besuchen, denn ich war dort wirklich auf die erlesenste und schmeichelhafteste Weise empfangen worden.

Die darauffolgenden Aufführungen bestätigten die Eindrücke der wunderschönen Uraufführung vom 16. Februar 1892. Gesungen wurde das Werk von den berühmten Künstlern Marie Renard und Ernest Van Dyck.

Im selben Jahr, 1892, wurde Carvalho erneut Direktor der Opéra-Comique, damals am Place du Chatelet. Er fragte mich nach dem *Werther*, und zwar in einem so gefühlvollen Ton, dass ich nicht zögerte, ihn ihm zu geben.

In derselben Woche speisten Frau Massenet und ich mit Herrn und Frau Alphonse Daudet. Die anderen Gäste waren Edmond de Goncourt und der Verleger Charpentier.

Nach dem Abendessen sagte mir Daudet, er wolle mir eine junge Künstlerin vorführen. „Die Musik selbst", sagte er. Dieses junge Mädchen war Marie Delna! Schon bei den ersten Takten, die sie sang (die Arie aus *La Reine de Saba des großen Gounod*), drehte ich mich zu ihr um und nahm ihre Hände.

Posthumia (Roma) Siehe Seite 297

„Sei Charlotte, unsere Charlotte", sagte ich völlig hingerissen.

Am Tag nach der ersten Aufführung an der Opéra-Comique im Januar 1893 erhielt ich diese Nachricht von Gounod:

"Lieber Freund:

„Unsere herzlichsten Glückwünsche zu diesem Doppeltriumph und wir bedauern, dass die Franzosen nicht die ersten Zeugen waren."

Die folgenden berührenden und bildhaften Zeilen hat mir damals der berühmte Architekt der Oper zugesandt.

„Mein Freund,

Zwei Augen, um dich zu sehen,

Zwei Ohren, die dir zuhören,

Zwei Lippen, die dich küssen,

Zwei Arme, die dich umarmen,

Zwei Hände, um Ihnen zu applaudieren.

Und

„Zwei Worte, um Dir alle meine Komplimente auszurichten und Dir zu sagen, dass Dein *Werther* ein ausgezeichneter Hit ist – weißt Du das? – Ich bin stolz auf Dich, und was Deinen Teil betrifft, erröte nicht, dass ein armer Architekt mit Dir vollkommen zufrieden ist.

„CARLO."

Im Jahr 1903, nach neun Jahren der Ächtung, ließ M. Albert Carré dieses vergessene Werk wieder aufleben. Mit seinem unvergleichlichen Talent, seinem wunderbaren Geschmack und der Kunst eines exquisiten Literaten verstand er es, das Werk der Öffentlichkeit so vorzustellen, dass es zu einer wahren Offenbarung wurde.

Viele berühmte Künstler haben die Rolle seither gesungen: Mlle. Marie de l'Isle, die bei der Wiederaufnahme die erste Charlotte war und die das Werk mit ihrem großartigen, individuellen Talent schuf; dann Mlles. Lamare, Cesbron, Wyns, Raveau, Mmes. de Nuovina, Vix, Hatto, Brohly und ... andere, deren Namen ich später nennen werde.

Bei der Wiederaufnahme durch M. Albert Carré hatte „*Werther*" das große Glück, Léon Beyle in der Hauptrolle zu haben; später waren auch Edmond Clément und Salignac hervorragende und mitreißende Interpreten des Werks.

KAPITEL XVIII

EIN STERN

Aber zurück zu den Ereignissen am Tag nach der Zerstörung der Opéra-Comique.

Die Opéra-Comique wurde an den Place du Chatelet verlegt, in das alte Theater namens Des Nations, das später zum Théâtre Sarah Bernhardt wurde. M. Paravey wurde zum Direktor ernannt. Ich kannte ihn, als er mit echtem Talent das Grand-Théâtre in Nantes leitete.

Hartmann bot ihm zwei Werke an: Edouard Lalos „ *Le Roi d'Ya* " und meinen geduldeten „ *Werther* ".

Ich war so entmutigt, dass ich lieber wartete, bevor ich das Werk ans Licht brachte.

Ich habe gerade über seine Entstehung und sein Schicksal geschrieben.

Eines Tages erhielt ich eine freundliche Einladung zum Abendessen bei einer großen amerikanischen Familie. Nachdem ich abgelehnt hatte, wie ich es meistens tat – ich hatte keine Zeit und mochte diese Art der Ablenkung nicht – bestanden sie jedoch so freundlich darauf, dass ich nicht auf meiner Ablehnung beharren konnte. Es schien mir, dass mein gequältes Herz dort vielleicht auf etwas stoßen könnte, das meine Entmutigung abwenden würde. Kann man das jemals wissen? ...

Ich saß neben einer Dame, die Musik komponierte und großes Talent hatte. Auf der anderen Seite meines Nachbarn saß ein französischer Diplomat, dessen liebenswürdige Komplimente, wie mir schien, alle Grenzen überstiegen. *Est modus in rebus* , es gibt Grenzen in allen Dingen, und unser Diplomat hätte sich von diesem alten Sprichwort leiten lassen sollen, zusammen mit dem Rat eines Meisters, des berühmten Talleyrand: „ *Pas de zele, surtout* !"

Ich würde nicht auf die Idee kommen, das genaue Gespräch zu erzählen, das an diesem bezaubernden Ort stattfand, ebenso wenig wie ich auf die Idee käme, die Speisekarte zu nennen, die wir dort gegessen haben. Woran ich mich allerdings erinnere, ist ein Salat – eine verwirrende Mischung aus amerikanischer, englischer, deutscher und französischer Küche.

Aber meine französischen Nachbarn beanspruchten meine ganze Aufmerksamkeit, und so blieb mir dieses reizende Gespräch zwischen der Komponistin und dem Diplomaten in Erinnerung.

Der Herr: „Also sind Sie immerhin das Kind der Musen, eine neue Orphea?"

Die Dame: „Ist Musik nicht der Trost für Seelen in Not?"

Der Herr (anzüglich): „Finden Sie nicht, dass Liebe Herzschmerz stärker vertreibt als Geräusche?"

Die Dame: „Gestern habe ich mich mit dem Schreiben der Musik zu ‚The Broken Vase' getröstet."

Der Gentleman (poetisch): „Zweifellos eine Nocturne ..."

Ich hörte gedämpftes Lachen. Das Gespräch nahm eine neue Wendung.

Nach dem Abendessen gingen wir zum Musikhören in den Salon. Ich tat mein Bestes, um mich zu beruhigen, als zwei schwarz gekleidete Damen, eine jung, die andere älter, hereinkamen.

Der Hausherr beeilte sich, sie zu begrüßen, und ich wurde ihnen fast sofort vorgestellt.

Die Jüngere war außergewöhnlich hübsch; die andere war ihre Mutter, ebenfalls wunderschön, mit jener durch und durch amerikanischen Schönheit, die uns die Starry Republic oft schickt.

„Lieber Herr", sagte die jüngere Frau mit leichtem Akzent, „ich bin gebeten worden, heute Abend in dieses freundliche Haus zu kommen, um die Ehre zu haben, Sie zu sehen und Sie meine Stimme hören zu lassen. Ich bin die Tochter eines Richters am Obersten Gerichtshof in Amerika und habe meinen Vater verloren. Er hat meiner Mutter, meinen Schwestern und mir ein Vermögen hinterlassen, aber ich möchte auf die Bühne. Wenn sie mir dafür die Schuld geben, werde ich, nachdem ich Erfolg gehabt habe, antworten, dass der Erfolg alles entschuldigt."

Ohne weitere Umschweife erfüllte ich ihren Wunsch und setzte mich ans Klavier.

„Sie werden mir verzeihen", fügte sie hinzu, „wenn ich Ihre Musik nicht singe. Das wäre vor Ihnen zu dreist."

Kaum hatte sie dies gesagt, klang ihre Stimme in der Arie „Königin der Nacht" aus der *Zauberflöte zauberhaft und blendend*.

Was für eine faszinierende Stimme! Sie reichte vom tiefen G bis zum Kontra-G – drei Oktaven – in voller Stärke und im Pianissimo.

Ich war erstaunt, verblüfft, überwältigt! Wenn solche Stimmen auftreten, ist es ein Glück, dass sie das Theater haben, in dem sie sich zeigen können; die Welt ist ihr Reich. Ich muss sagen, dass ich in dieser zukünftigen Künstlerin neben der Seltenheit dieses Organs auch Intelligenz, eine Flamme, eine Persönlichkeit erkannt habe, die sich leuchtend in ihrem bewundernswerten

Gesicht widerspiegelte. Alle diese Eigenschaften sind auf der Bühne von größter Bedeutung.

Am nächsten Morgen eilte ich zu meinem Verleger, um ihm von der Begeisterung zu erzählen, die ich am Abend zuvor gespürt hatte.

Ich fand Hartmann beschäftigt. „Es handelt sich um einen Künstler, ganz recht", sagte er. „Ich möchte noch über etwas anderes sprechen und Sie fragen, ob Sie die Musik zu dem Werk schreiben, das man mir gerade gebracht hat, ja oder nein." Und er fügte hinzu: „Es ist dringend, denn die Musik wird für die Eröffnung der Weltausstellung benötigt, die in zwei Jahren, im Mai 1889, stattfindet."

Ich nahm das Manuskript und hatte kaum eine oder zwei Szenen durchgespielt, als ich in einem Anflug tiefer Überzeugung ausrief: „Ich habe die Künstlerin für diese Rolle. Ich habe die Künstlerin. Ich habe sie gestern gehört! Sie ist Mlle. Sibyl Sanderson! Sie soll Esclarmonde erschaffen, die Heldin der neuen Oper, die Sie mir anbieten."

Sie war die ideale Künstlerin für das romantische Werk in fünf Akten von Alfred Blau und Louis de Gramont.

Der neue Direktor der Opéra-Comique, der mir gegenüber stets respektvoll und äußerst freundlich war, engagierte Mlle. Sibyl Sanderson und akzeptierte ohne Diskussion das von uns vorgeschlagene Gehalt.

Er überließ die Anordnung der Kulissen und Kostüme völlig meinem Ermessen und machte mich zum alleinigen Herrn und Leiter der Dekorateure und Kostümbildner, die ich ganz nach meinen Vorstellungen anzuleiten hatte.

Während ich mit diesem Sachverhalt zufrieden war, konnte sich M. Paravey seinerseits nur zu den finanziellen Ergebnissen von *Esclarmonde* *beglückwünschen* . Es ist nur angebracht hinzuzufügen, dass das Stück zur notwendigerweise glänzenden Zeit der Weltausstellung 1889 herausgebracht wurde. Die Uraufführung fand am 14. Mai desselben Jahres statt.

Die hervorragenden Künstler, die zusammen mit Sibyl Sanderson auf dem Programm standen, waren Mm. Bouvet, Taskin und Gibert.

Das Werk war in Paris bereits hunderteinmal hintereinander gesungen worden, als ich erfuhr, dass das Théâtre Royal de la Monnaie in Brüssel irgendwann zuvor Sibyl Sanderson engagiert hatte, um dort *Esclarmonde zu inszenieren* . Das bedeutete ihr erzwungenes Verschwinden von der Bühne der Opéra-Comique, wo sie mehrere Monate lang triumphiert hatte.

Wenn Paris jedoch das Schweigen des Künstlers ertragen musste, dem während der Ausstellung so viele und so unterschiedliche Zuschauer Beifall spendeten, wenn dieser Stern, der so strahlend über den Horizont des Künstlerhimmels aufgegangen war, für eine Weile verschwand, um andere Zuhörer zu bezaubern, so hallte in den großen Provinzhäusern der Erfolg so berühmter Künstler wie Mme. Bréjean-Silver in Bordeaux, Mme. de Nuovina in Brüssel und Mme. Verheyden und Mlle. Vuillaume in Lyon in Esclarmonde wider .

Trotz alledem blieb *Esclarmonde* eine lebendige Erinnerung an diese seltene und wunderschöne Künstlerin, die ich für die Rolle in Paris ausgewählt hatte. Sie machte ihren Namen für immer berühmt.

Sibyl Sanderson! Ich kann mich nicht ohne tiefe Ergriffenheit an diese Künstlerin erinnern, die in ihrer vollen Schönheit, in der herrlichen Blüte ihres Talents vom erbarmungslosen Tod dahingerafft wurde. Sie war eine ideale Manon an der Opéra-Comique und eine nie zu vergessende Thaïs an der Oper. Diese Rollen entsprachen ihrem Temperament, dem erlesensten Geist dieser Natur, die zu den prächtigsten gehörte, die ich je gekannt habe.

Eine unbezwingbare Berufung hatte sie auf die Bühne geführt, wo sie zur leidenschaftlichen Interpretin mehrerer meiner Werke wurde. Was für eine inspirierende Freude es für uns ist, Werke und Rollen für Künstler zu schreiben, die unsere Träume verwirklichen!

Aus Dankbarkeit widme ich diese Zeilen *Esclarmonde* . Auch die vielen Menschen, die 1889 aus allen Teilen der Welt nach Paris kamen, haben ihre Erinnerungen an die Künstlerin bewahrt, die ihnen Freude bereitete und sie so entzückte.

Eine große, stille, nachdenkliche Menschenmenge versammelte sich, als der Trauerzug vorbeizog, der Sibyl Sanderson zu ihrer letzten Ruhestätte trug. Ein Schleier der Trauer schien über ihnen allen zu liegen.

Albert Carré und ich folgten dem Sarg. Wir waren die Ersten hinter allem, was von ihrer Schönheit, Anmut, Güte und ihrem Talent mit all seiner Anziehungskraft übriggeblieben war. Als wir die allgemeine Trauer bemerkten, interpretierte Albert Carré die Gefühle der Menge gegenüber der schönen Verstorbenen und sagte mit diesen Worten, die in ihrer Kürze beredt sind und die uns erhalten bleiben werden: „Sie wurde geliebt!"

Welche einfachere, rührendere und gerechtere Hommage könnte man der Erinnerung an sie erweisen, die nicht mehr lebte?

Es ist mir ein Vergnügen, mit ein paar schnellen Strichen die glücklichen Erinnerungen an die Zeit wiederzugeben, die ich mit dem Schreiben *von Esclarmonde verbracht habe* .

Im Sommer 1887 und 1888 ging ich in die Schweiz und wohnte im Grand Hotel in Vevey. Ich war neugierig, diese hübsche Stadt am Fuße des Jorat am

Ufer des Genfersees kennenzulernen, die durch ihr Fête des Vigerons berühmt geworden war. Ich hatte gehört, wie sie für die vielen reizvollen Spazierwege in der Umgebung und die Schönheit und Milde des Klimas gelobt wurde. Vor allem erinnerte ich mich daran, dass ich in den „Bekenntnissen" von Jean Jacques Rousseau davon gelesen hatte, der jedenfalls allen Grund hatte, sie zu lieben – Frau de Warens war dort geboren. Seine Liebe zu dieser entzückenden kleinen Stadt hielt während all seiner Wanderungen an.

Das Hotel war von einem schönen Park umgeben, der den Gästen mit seinen großen Bäumen Schatten spendete und zu einem kleinen Hafen führte, von dem aus sie Ausflüge auf dem See unternehmen konnten.

Im August 1887 wollte ich meinem Herrn Ambroise Thomas einen Besuch abstatten. Er hatte eine Inselgruppe im Meer nahe der Nordküste gekauft und ich war dort gewesen, um ihn zu besuchen. Zweifellos war mein Besuch für ihn angenehm, denn ich erhielt im nächsten Sommer in der Schweiz die folgenden Seiten von ihm:

ILLIEC, Montag, 20. August 1888

Danke für deinen netten Brief, mein lieber Freund. Er wurde mir auf diese barbarische Insel weitergeleitet, auf die du letztes Jahr gekommen bist. Du erinnerst mich an den freundlichen Besuch, von dem wir oft sprechen, aber wir bedauern, dass wir dich nur zwei Tage hier behalten konnten.

Es war zu kurz!

Wirst du wiederkommen können, oder besser gesagt, werde ich dich hier wiedersehen? Du sagst, du arbeitest mit Freude und scheinst zufrieden zu sein... Ich gratuliere dir dazu und kann ohne Neid sagen, dass ich wünschte, ich könnte das auch von mir sagen. In deinem Alter ist man voller Zuversicht und Eifer; aber in meinem!...

Ich nehme, nicht ohne Schwierigkeiten, eine Arbeit wieder auf, die ich lange unterbrochen habe, und was noch besser ist: Ich stelle fest, dass ich mich in meiner Einsamkeit bereits von der Aufregung und Erschöpfung des Lebens in Paris erholt habe.

Ich sende Ihnen die liebevollen Grüße von Mme. Ambroise Thomas und sage Ihnen, lieber Freund, mit festem Händedruck au revoir.

Von ganzem Herzen,
A MBROISE THOMAS.

Ja, wie mein Meister sagte, habe ich mit Freude gearbeitet.

Mlle. Sibyl Sanderson, ihre Mutter und ihre drei Schwestern lebten ebenfalls im Grand Hotel in Vevey und jeden Abend von fünf bis sieben ließ ich unsere zukünftige Esclarmonde an der Szene arbeiten, die ich an diesem Tag geschrieben hatte.

Nach *Esclarmonde* wartete ich nicht, bis mein Geist brach lag. Mein Verleger kannte meine traurigen Gefühle in Bezug auf *Werther* , den ich nach wie vor nicht an ein Theater geben wollte (kein Management hatte damals Vorschüsse für das Werk geleistet), und er nahm Verhandlungen mit Jean Richepin auf. Sie beschlossen, mir ein großartiges Thema für die Oper über die Geschichte von Zoroaster anzubieten, mit dem Titel *Le Mage* .

Im Laufe des Sommers 1889 hatte ich bereits mehrere Szenen des Werkes geplant.

Mein guter Freund, der gelehrte Geschichtsschriftsteller Charles Malherbe, war sich der wenigen Momente bewusst, die ich ungenutzt ließ, und ich erfuhr, dass er mir in dieser Situation sehr hilfreich war. Tatsächlich wählte er aus meinen verstreuten Papieren eine Reihe von Manuskripten aus, die, wie er mir sagte, in den verschiedenen Akten von *Le Mage Verwendung finden würden* .

P. Gailhard, unser Direktor an der Oper, war wie immer mein ergebenster Freund. Er inszenierte das Werk mit unerhörter Kunstfertigkeit. Ihm verdanke ich eine großartige Besetzung mit den Damen Fierens und Lureau Escalaïs sowie den Damen Vergnet und Delmas. Das Ballett war wichtig und wurde märchenhaft inszeniert und hatte Rosita Mauri als Star.

Obwohl das Werk in der Presse heftige Kritik hervorrief, wurde es über vierzig Mal aufgeführt.

Einige waren froh über die Gelegenheit, mit unserem Direktor zu streiten, der seine letzte Karte ausgespielt hatte und im letzten Monat seines Amtes angekommen war. Es war nutzlose Mühe ihrerseits. Gailhard wurde kurz darauf aufgefordert, das Zepter der Leitung unserer großen Opernbühne wieder zu übernehmen. Ich fand ihn dort in Verbindung mit E. Bertrand, als *Thaïs* , von dem ich später sprechen werde, aufgeführt wurde.

In diesem Zusammenhang fallen mir einige Verse des stets witzigen Ernest Reyer ein. Hier sind sie:

Der Magier ist am Lenden, *Werther* ist in der Nähe,

Und gestern war *Thaïs* unter dem Felsen.

Bewundernswerter Fécondite ...

Moi, voilà dix und que je pioche

Auf *dem bezaubernden Kapuzinerkloster* .

Sie werden vielleicht erstaunt sein, dass Sie dieses Werk von Reyer noch nie gespielt gesehen haben. Hier ist das Thema, wie er es mit höchst amüsanter Ernsthaftigkeit bei einem unserer monatlichen Abendessen des Instituts im ausgezeichneten Restaurant Champeaux am Place de Bourse vortrug.

Erster und einziger Akt!

Die Szene zeigt einen öffentlichen Platz; links das Schild einer berühmten Taverne. Von rechts kommt ein Kapuziner herein. Er starrt auf die Tür der Taverne. Er zögert; dann beschließt er schließlich, die Schwelle zu überschreiten und schließt die Tür. Musik im Orchester – wenn gewünscht. Plötzlich kommt der Kapuziner wieder heraus – verzaubert, sicherlich verzaubert von der Küche!

Damit ist auch der Titel des Werkes erklärt: Es geht hier nicht darum, dass Feen einen armen Mönch verzaubern!

KAPITEL XIX

EIN NEUES LEBEN

Das Jahr 1891 war geprägt von einem Ereignis, das mein Leben tiefgreifend beeinflusste: Im Mai desselben Jahres musste der Hartmann-Verlag seinen Betrieb einstellen.

Wie war das passiert? Was hat diese Katastrophe verursacht? Diese Fragen stellte ich mir, aber ich konnte keine Antwort finden. Es war mir so vorgekommen, als liefe bei meinem Verleger alles so gut, wie man es erwarten konnte. Ich war völlig verblüfft, als ich hörte, dass alle im Verlag Hartmann erschienenen Werke versteigert werden sollten; dass sie sich der Tortur einer öffentlichen Versteigerung stellen müssten. Für mich war das eine äußerst beunruhigende Ungewissheit.

Ich hatte einen Freund, der einen Tresor hatte, und ich vertraute ihm die Orchesterpartitur und die Klavierpartitur von *Werther* sowie die Orchesterpartitur von *Amadis an* . Er legte diese wertlosen Papiere neben seine Wertsachen. Die Partituren waren handschriftlich verfasst.

Werther geschrieben und werde dies vielleicht auch über *Amadis tun* . Der Text stammt von unserem großen Freund Jules Claretie von der Académie française.

Wie man sich vorstellen kann, war meine Angst sehr groß. Ich erwartete, meine jahrelange Arbeit unter allen Verlegern verstreut zu sehen. Wohin würde *Manon* gehen? Wo würde *Hérodiade* aufwachsen? Wer würde *Marie Magdalena bekommen* ? Wer würde meine *Suiten d'Orchestra bekommen* ? All das brachte meinen verwirrten Verstand durcheinander und machte mich ängstlich.

Hartmann hatte mir gegenüber stets viel Freundlichkeit und Feingefühl gezeigt, was meine Belange betraf, und ich bin sicher, dass ihm diese schmerzliche Situation ebenso Leid zufügte wie mir.

Henri Heugel und sein Neffe Paul-Émile Chevalier, die Besitzer der großen Firma Le Ménestrel, waren meine Retter. Sie waren die Lotsen, die alle Werke meines bisherigen Lebens vor dem Untergang bewahrten, verhinderten, dass sie zerstreut wurden und den Gefahren von Abenteuer und Zufall ausgesetzt waren.

Sie erwarben das gesamte Vermögen von Hartmann und zahlten dafür einen beträchtlichen Preis.

Im Mai 1911 gratulierte ich ihnen zum zwanzigjährigen Jahrestag der guten und freundschaftlichen Beziehungen, die zwischen uns bestanden hatten, und brachte gleichzeitig meine tiefe Dankbarkeit ihnen gegenüber zum Ausdruck.

Wie oft war ich an Le Ménestrel vorbeigegangen und hatte jene Meister, jene, die sie veröffentlicht hatten, und all jene, die von diesem großen Haus bevorzugt wurden, ohne Feindseligkeit beneidet!

Mit meinem Eintritt in Le Ménestrel begann für mich eine glorreiche Ära, und jedes Mal, wenn ich dorthin gehe, empfinde ich dasselbe tiefe Glück. Alle Genugtuungen, die ich genieße, sowie die Enttäuschungen, die ich erlebe, finden ein treues Echo in den Herzen meiner Verleger.

Einige Jahre später wurde Léon Carvalho erneut Direktor der Opéra-Comique. M. Paraveys Privileg war abgelaufen.

Ich erinnere mich an diese Karte von Carvalho am Tag nach seinem Weggang im Jahr 1887. Er hatte seinen Titel „Direktor" gestrichen. Sie drückte perfekt seinen traurigen Rücktritt aus:

" *Mein lieber Meister* ,

„Ich streiche den Titel, aber ich behalte die Erinnerung an meine großen künstlerischen Freuden, bei denen *Manon* den ersten Platz belegt...

„Was für ein schöner Diamant!

„LEON CARVALHO."

Manon wiederzubeleben , das seit dem Feuer der traurigen Erinnerung von den Plakaten verschwunden war. Diese Wiederbelebung fand im Oktober 1892 statt.

Sibyl Sanderson war, wie ich bereits sagte, für ein Jahr am Théâtre de la Monnaie in Brüssel engagiert. Sie spielte *Esclarmonde* und *Manon* . *Carvalho holte sie von der Monnaie, um Manon in Paris* wiederaufzuführen . Das Werk ist seitdem nie mehr aus dem Programm verschwunden und hat, während ich dies schreibe, seine 763. Aufführung erreicht.

Zu Beginn des gleichen Jahres wurde in Wien *der Werther* aufgeführt und auch ein Ballett: *Le Carillon* . Die gefeierten Mitarbeiter waren unser Des Grieux und unser deutscher Werther: Ernest Van Dyck und de Roddaz.

Als ich von einem weiteren Besuch in Wien zurückkam, besuchte mich mein treuer und wertvoller Mitarbeiter Louis Gallet eines Tages in Le Ménestrel. Meine Verleger hatten ein hervorragendes Studio eingerichtet, in dem ich meine Künstler aus Paris und anderswo in ihren Rollen einstudieren konnte.

Louis Gallet und Heugel schlugen mir eine Arbeit über Anatole Frances bewundernswerten Roman *Thaïs vor*.

Ich war sofort von der Idee begeistert. Ich konnte mir Sanderson in der Rolle der Thaïs vorstellen. Sie gehörte zur Opéra-Comique, also würde ich die Arbeit für dieses Haus machen.

Der Frühling erlaubte es mir endlich, an die Küste zu fahren, wo ich immer so gern gelebt hatte, und ich verließ Paris mit meiner Frau und meiner Tochter und nahm mit viel Freude alles mit, was ich zu diesem Werk komponiert hatte.

Ich nahm einen Freund mit, der mich weder Tag noch Nacht verließ – eine riesige graue Angorakatze mit langem, seidigem Fell.

Ich arbeitete an einem großen Tisch auf einer Veranda, an der die Wellen des Meeres manchmal heftig brachen und ihren Schaum aufwirbelten. Die Katze lag auf dem Tisch und schlief fast auf meinen Seiten mit einer Ungezwungenheit, die mich entzückte. Sie konnte solche seltsamen Geräusche nicht ertragen und jedes Mal, wenn sie passierten, streckte sie ihre Pfoten aus und zeigte ihre Krallen, als wolle sie das Meer vertreiben.

Ich kenne noch jemanden, der Katzen liebt, nicht mehr, aber genauso sehr wie ich: die liebenswürdige Gräfin Marie de Yourkevitch, die am Kaiserlichen Konservatorium in St. Petersburg die Große Goldmedaille für Klavierspiel gewann. Sie lebt seit einigen Jahren in Paris in einem luxuriösen Apartment, wo sie von Hunden und Katzen, ihren besten Freunden, umgeben ist.

„Wer Tiere liebt, liebt Menschen", und wir wissen, dass die Gräfin eine wahre Mäzenin für Künstler ist.

Auch die exquisite Dichterin Jeanne Dortzal ist mit den Katzen mit den tiefgrünen, geheimnisvollen Augen befreundet und begleitet sie während ihrer Arbeitszeit.

Ich beendete *Thaïs* in der Rue du General Foy, in meinem Schlafzimmer, wo nichts die Stille durchbrach außer dem Knistern der Weihnachtsscheite, die im Kamin brannten.

Damals hatte ich noch nicht wie heute einen Berg an Briefen, die ich beantworten musste; ich erhielt auch nicht so viele Bücher, dass ich sie durchlesen musste, um den Autoren zu danken; auch war ich nicht in unaufhörliche Proben vertieft. Kurz gesagt, ich führte kein Leben, das ich gerne als höllisch bezeichnen würde, wenn ich mir nicht vorgenommen hätte, abends *nicht auszugehen.*

Um sechs Uhr morgens erhielt ich einen Anruf von meinem Masseur. Seine Behandlung war notwendig, weil ich an Rheuma in meiner rechten Hand litt und damit einige Probleme hatte.

Selbst zu dieser frühen Morgenstunde war ich schon seit einiger Zeit bei der Arbeit, und dieser Praktiker, Imbert, der bei seinen Klienten einen hohen Ruf genoss, brachte mir Morgengrüße von Alexander Dumas dem Jüngeren mit, aus dessen Haus er gerade gekommen war. Als er kam, sagte er: „Ich verließ den Meister mit brennenden Kerzen, gestutztem Bart und bequem in seinem weißen Morgenmantel."

Eines Morgens überbrachte er mir diese Worte – eine Antwort auf einen Vorwurf, den ich mir erlaubt hatte, ihm gegenüber zu machen:

„Geben Sie zu, dass Sie dachten, ich hätte Sie vergessen, Mann mit kleinem Glauben.

„A. DUMAS."

Zwischendurch hatte ich, was mir eine angenehme Ablenkung bot, „Le Portrait de Manon" geschrieben, ein entzückendes Werk von Georges Boyer, dem ich bereits den Text zu „Les Enfants" verdankte.

Einige meiner guten Freunde, Auguste Cain, der berühmte Tierbildhauer, und seine liebe Frau waren mir in schwierigen Situationen großzügig und nützlich gewesen, und ich war hocherfreut, das erste dramatische Werk ihres Sohnes Henri Cain zu bejubeln. Sein Erfolg mit *La Vivandière* bestätigte sein Talent noch mehr. Die Musik dieses Werks in drei Akten war der Schwanengesang des genialen Benjamin Godard. Ach! der liebe große Musiker, der von seiner Jugend an, in den ersten Takten, die er schrieb, ein echter Dichter war. Wer erinnert sich nicht an sein Meisterwerk *Le Tasse*?

Als ich eines Tages durch die Gärten des düsteren Palastes der Herzöge von Este in Ferrara spazierte, pflückte ich einen gerade blühenden Oleanderzweig und schickte ihn meinem Freund. Mein Geschenk erinnerte mich an das unvergleichliche Duett im ersten Akt von *Le Tasse*.

Im Sommer 1893 fuhren meine Frau und ich nach Avignon. Diese Stadt der Päpste, die *terre papale*, wie Rabelais sie nannte, zog mich fast ebenso an wie die andere Stadt der Päpste, das antike Rom.

Wir wohnten im ausgezeichneten Hotel de l'Europe, Place Grillon. Unsere Gastgeber, Monsieur und Madame Ville, waren ehrenwerte und zuvorkommende Personen und schenkten uns viel Aufmerksamkeit. Das war unbedingt nötig, denn ich brauchte Ruhe, um *La Navarraise zu schreiben*, das Werk, das Jules Claretie mir und meinem neuen Librettisten Henri Cain anvertraut hatte.

Jeden Abend um fünf Uhr servierten uns unsere Gastgeber, die uns den ganzen Tag eifersüchtig den Zutritt zur Tür verboten hatten, ein köstliches Mittagessen. Meine Freunde, die provenzalischen Dichter, versammelten sich dort, und unter ihnen war Felix Gras, einer meiner liebsten Freunde.

Eines Tages beschlossen wir, Frédéric Mistral einen Besuch abzustatten, dem unsterblichen Dichter der Provence, der eine große Rolle bei der Renaissance der poetischen Sprache des Südens spielte.

Er empfing uns mit Mme. Mistral in seinem Haus in Millane – das durch seine Anwesenheit ideal wurde. In seinen Ausführungen zeigte er, dass er nicht nur die Wissenschaft der Form beherrschte, sondern auch jenes allgemeine Wissen, das große Schriftsteller und einen Dichter zu einem Künstler macht. Als wir ihn sahen, erinnerten wir uns an *Belle d'aout* , die poetische Geschichte voller Tränen und Schrecken, dann an das große Epos von *Mirelle* und an so viele andere berühmte Werke.

An seinem Gang und seiner Energie erkannte man ihn als Kind des Landes, aber er war ein Gentleman-Farmer, wie die Engländer sagen; obwohl er deshalb, wie er an Lamartine schrieb, ebenso wenig ein Bauer ist, wie Paul-Louis Courier, der brillante und geistreiche Pamphletist, ein Weinbauer war.

Wir kehrten nach Avignon zurück, erfüllt vom unbeschreiblichen, einhüllenden Zauber der Stunden, die wir im Haus dieses großen, berühmten Dichters verbracht hatten.

Der folgende Winter war ganz den Proben von *Thaïs* an der Opéra gewidmet. Ich sage an der Opéra, obwohl ich das Werk für die Opéra-Comique geschrieben habe, wo Sanderson engagiert war. Dort triumphierte sie dreimal pro Woche in *Manon* .

Was hat mich dazu bewogen, das Theater zu wechseln? Sanderson war von der Idee, an die Oper zu gehen, begeistert und unterzeichnete einen Vertrag mit Gailhard, ohne sich auch nur die Mühe zu machen, Carvalho vorher zu informieren.

Heugel und ich waren sehr überrascht, als Gailhard uns sagte, er würde *Thaïs* mit Sibyl Sanderson an der Opéra aufführen. „Sie haben die Künstlerin, das Werk wird ihr folgen!" Mehr konnte ich nicht sagen. Ich erinnere mich jedoch, wie bitter Carvalho mir Vorwürfe machte. Er warf mir beinahe Undankbarkeit vor, und Gott weiß, das hatte ich nicht verdient.

Thaïs wurde von Sibyl Sanderson interpretiert; JF Delmas, der die Rolle des Athanaël zu einer seiner bedeutendsten Kreationen machte; Alvarez, der sich bereit erklärte, die Rolle des Nicias zu übernehmen, und Mme. Heglon, die auch die ihr zugeteilte Rolle übernahm.

Während ich in den Tiefen des leeren Theaters den letzten Proben lauschte, durchlebte ich noch einmal meine ekstatischen Momente vor den Überresten von Thaïs von Antinoë, neben dem Einsiedler, der von ihrer Anmut und ihrem Charme verzaubert worden war. Dieses beeindruckende Schauspiel, das so gut darauf angelegt war, die Vorstellungskraft zu beeindrucken, verdankten wir einer Glasvitrine im Guimet-Museum.

Am Abend der Generalprobe von *Thaïs* verließ ich Paris und fuhr nach Dieppe und Pourville, nur um allein und frei von den Aufregungen der Großstadt zu sein. Ich habe bereits gesagt, dass ich mich auf diese Weise immer von den fieberhaften Unsicherheiten losreiße, die über jedem Werk schweben, wenn es zum ersten Mal dem Publikum präsentiert wird. Niemand kann im Voraus vorhersagen, welches Gefühl das Publikum bewegen wird, ob seine Vorurteile oder Sympathien es zu einem Werk hinziehen oder es dagegen aufbringen werden. Ich fühle mich schwach angesichts des verwirrenden Rätsels, und hätte ich ein tausendmal ruhigeres Gewissen, würde ich nicht versuchen wollen, das Geheimnis zu lüften!

Am Tag nach meiner Rückkehr nach Paris besuchten mich Bertrand und Cailhard, die beiden Direktoren der Oper. Sie schienen niedergeschlagen zu sein. Ich konnte ihnen nur Seufzer oder ein oder zwei Worte entlocken, die in ihrer Lakonie Bände sprachen: „Die Presse! Unmoralisches Subjekt! Es ist vorbei!" Diese Worte waren so viele Hinweise darauf, wie die Aufführung gewesen sein musste.

Das habe ich mir gesagt. Trotzdem sind siebzehn Jahre vergangen und das Stück steht immer noch auf den Spielplänen und wurde in der Provinz und im Ausland gespielt, während *Thaïs an der Oper selbst* schon seit langem seine hundertste Aufführung hinter sich hat.

Noch nie habe ich es so bereut, mich in einem Moment der Enttäuschung gehen zu lassen. Es stimmt, es war nur ein vorübergehender Moment. Konnte ich vorhersehen, dass ich diese gleiche Partitur von *Thaïs* , datiert 1894, im Salon von Sibyl Sandersons Mutter wiedersehen würde, auf dem Notenpult desselben Klaviers, an dem diese großartige Künstlerin, die es schon lange nicht mehr gibt, studierte?

Um das Publikum an das Werk zu gewöhnen, verbanden die Direktoren der Oper ein Ballett aus dem Repertoire damit. Später sah Gailhard, dass das Werk gefiel, und um es zur einzigen Aufführung des Abends zu machen, bat er mich, ein Tableau, die Oase, und ein Ballett zum dritten Akt hinzuzufügen. Mlle. Berthet schuf dieses neue Tableau und Zambelli verkörperte das neue Ballett.

Später wurde die Titelrolle in Paris von den Damen Alice Verlet, Mary Garden und Madame Kousnezoff gesungen. Ihnen verdanke ich einige

großartige Abende an der Oper. Geneviève Vix und Mastio sangen sie in
anderen Städten. Von Lina Cavalieri kann ich nur noch erzählen, denn sie
war die Schöpferin des Werks in Mailand im Oktober 1903. Diese Schöpfung
war der Anlass für meine bisher letzte Reise nach Italien.

KAPITEL XX

MAILAND—LONDON—BAYREUTH

Umso mehr bedauere ich, dass ich das Reisen aufgegeben habe, denn anscheinend bin ich diesbezüglich faul geworden, da meine Besuche in Mailand dank des freundlichen Edouard Sonzogno, der mir stets die feinste und liebevollste Aufmerksamkeit schenkte, immer so reizend – ich wollte geradezu sagen bezaubernd – waren.

Was für wunderbare Empfänge und perfekt arrangierte und aufwendige Abendessen hatten wir in dem schönen Herrenhaus in der Via Goito 11! Was für ein Gelächter und heitere Späße gab es; was für wahrhaft zauberhafte Stunden verbrachte ich dort mit meinen italienischen Mitbrüdern, die zum selben Liebesfest eingeladen waren wie ich, im Haus der liebenswürdigsten aller Gastgeber: Umberto Giordano, Cilea und viele andere!

In dieser großen Stadt hatte ich ausgezeichnete und berühmte Freunde, wie Mascagni und Leoncavallo, die ich schon früher kannte und mit denen ich in Paris befreundet war. Sie ahnten damals noch nicht, welch großartige Stellung sie sich eines Tages im Theater schaffen würden.

In Mailand lud mich auch mein alter Freund und Verleger Giulio Ricordi zu sich an den Tisch ein. Ich war aufrichtig gerührt, mich wieder im Schoß der Familie Ricordi zu befinden, mit der mich so viele reizende Erinnerungen verbanden. Es ist unnötig zu erwähnen, dass wir auf das Wohl des berühmten Puccini anstießen.

Zu meinen Erinnerungen an Mailand gehört auch die Erinnerung, bei Carusos Debüt dabei gewesen zu sein. Der heute berühmte Tenor war damals sehr bescheiden, und als ich ihn ein Jahr später in einen weiten Pelzmantel gehüllt sah, war klar, dass die Zahlen seines Gehalts in die *Höhe geschossen sein mussten* . Als ich ihn sah, beneidete ich ihn nicht um sein glänzendes Vermögen oder sein unbestrittenes Talent, aber ich bedauerte – besonders in jenem Winter –, dass ich seinen üppigen, warmen Mantel nicht überziehen konnte … Es schneite tatsächlich in Mailand in großen und scheinbar endlosen Flocken. Es war ein harter Winter. Ich erinnere mich, dass ich einmal nicht genug Brot von meinem Frühstück hatte, um den Appetit von etwa dreißig Tauben zu stillen, die zitternd und bebend vor Kälte auf meinen Balkon kamen, um Schutz zu suchen. Die armen, lieben kleinen Geschöpfe! Ich bedauerte, dass ich nicht mehr für sie tun konnte. Und unwillkürlich dachte ich an ihre Schwestern auf dem Markusplatz, so hübsch, so freundlich, denen in diesem Augenblick genauso kalt sein musste.

Ich muss einen eklatanten, aber völlig harmlosen Scherz gestehen, den ich bei einem Abendessen des Verlegers Sonzogno gemacht habe. Jeder wusste von den gespannten Beziehungen zwischen ihm und Ricordi. Ich schlich ins Esszimmer, bevor noch einer der Gäste hereingekommen war, und legte unter Sonzognos Serviette eine Orsini-Bombe, die ich gekauft hatte und die wirklich Ehrfurcht einflößte – seien Sie beruhigt, sie war nur aus Pappe und stammte aus der Konditorei. Neben diese harmlose Bombe legte ich Ricordis Karte. Der Scherz war ein großer Erfolg. Die Gäste lachten so sehr, dass während des ganzen Essens über nichts anderes gesprochen wurde und dem Menü kaum Aufmerksamkeit geschenkt wurde, obwohl wir wussten, dass es unweigerlich appetitlich sein musste, wie alle anderen, denen wir in diesem opulenten Haus die Ehre erweisen mussten.

Ich hatte immer das große Glück, in Italien La Bellincioni, die Duse der Oper, als meine Interpretin des *Sapho zu haben* . 1911 setzte sie ihre triumphale Karriere an der Opéra in Paris fort.

Thaïs in Mailand inszenieren sollte . Sonzogno bestand darauf, dass ich sie die Rolle sehen lassen sollte, bevor ich abreiste. Ich erinnere mich an den beträchtlichen Erfolg, den sie mit dieser Arbeit hatte – *al teatro lirico* in Mailand. Ihre Schönheit, ihre bewundernswerte Plastizität, die Wärme und Farbe ihrer Stimme, ihre leidenschaftlichen Ausbrüche packten das Publikum einfach, das sie in den Himmel lobte.

Sie lud mich zu einem Abschiedsessen im Hotel de Milan ein. Der Tisch war mit Blumen bedeckt und stand in einem großen Raum neben dem Schlafzimmer, in dem Verdi zwei Jahre zuvor gestorben war. Das Zimmer war noch genauso eingerichtet wie damals, als der berühmte Komponist dort lebte. Der Flügel des großen Meisters stand noch da, und auf dem Tisch, an dem er gearbeitet hatte, standen das Tintenfass, die Feder und das Löschpapier, auf dem noch die Spuren der Notizen zu sehen waren, die er nachgezeichnet hatte. Das Oberhemd – das letzte, das er getragen hatte – hing an der Wand, und man konnte noch immer die Linien des Körpers sehen, den es bedeckt hatte ... Ein Detail, das meine Gefühle verletzte und das nur die gierige Neugier von Fremden erklären kann, war, dass Stücke des Leinens dreist abgeschnitten und als Reliquien weggebracht worden waren.

Verdi! Dieser Name steht für das gesamte siegreiche Italien von Viktor Emanuel II. bis in unsere Zeit. Bellini hingegen ist das Bild des unglücklichen Italiens unter dem Joch der Vergangenheit.

Kurz nach dem Tod Bellinis im Jahr 1835, des unvergessenen Autors von „ *La Somnambula* “ und „ *La Norma* “, trat Verdi, der unsterbliche Schöpfer so vieler Meisterwerke, auf die Bühne und hörte mit seltener Fruchtbarkeit nie auf, seine wunderbaren Werke zu produzieren, die zum Repertoire aller Theater der Welt gehören.

Ungefähr zwei Wochen vor Verdis Tod fand ich in meinem Hotel die Karte des großen Mannes mit seinen Grüßen und besten Wünschen.

In einer bemerkenswerten Studie über Verdi verwendet Camille Bellaigue die folgenden Worte über den großen Meister. Sie sind ebenso gerecht wie schön.

"Er starb am 27. Januar 1901 im Alter von 88 Jahren. Mit ihm verlor die Musik etwas von ihrer Kraft, ihrem Licht und ihrer Freude. Von nun an wird eine große, notwendige Stimme im Gleichgewicht des europäischen 'Konzerts' fehlen. Ein prächtiges Gewölbe ist aus dem Kranz des lateinischen Genies gefallen. Ich kann nicht an Verdi denken, ohne an den berühmten Satz Nietzsches zu denken, der vom Wagnerismus zurückgekehrt war und sich bereits gegen den Komponisten gewendet hatte: 'Die Musik muss mediterranisiert werden.' Sicherlich nicht die gesamte Musik. Aber heute, da der alte Meister, dieser glorreiche Gastgeber des Doria-Palastes, von dem aus er jeden Winter seinen tiefen Blick über das Azurblau des Ligurischen Meeres schweifen ließ, gegangen ist, kann man sich wohl fragen, wer die Rechte und den Einfluss des Mittelmeers in der Musik bewahren soll?"

Um meinen Erinnerungen an *Thaïs noch eine weitere hinzuzufügen* : Ich erinnere mich an zwei Briefe, die mich tief berührt haben müssen.

1. August 1892

...Ich habe für Sie eine kleine Puppe namens Thaïs ins Institut mitgebracht, und da ich nach der Sitzung aufs Land fuhr und Sie nicht da waren, ließ ich sie bei Bonvalot und bat ihn, vorsichtig mit ihr umzugehen....

Ich bin in etwa einem Tag zurück, denn am Samstag empfangen wir Frémiet, der möchte, dass ich Ihnen dafür danke, dass Sie für ihn gestimmt haben.

GERÔME.

Ich wollte diese bunte Statuette meines berühmten Kollegen auf meinem Tisch stehen haben, während ich *Thaïs schrieb* . Ich habe es immer gemocht, ein Bild oder ein Symbol der Arbeit, an der ich gerade arbeite, vor meinen Augen zu haben.

Den zweiten Brief erhielt ich am Tag nach der Uraufführung von *Thaïs* an der Opéra.

Lieber Meister ,

Du hast meine arme *Thaïs* in die erste Reihe der Opernheldinnen erhoben. Du bist mein süßester Ruhm. Ich bin entzückt. „Assieds-toi près de nous", die Arie der Liebe, das letzte Duett, ist bezaubernd schön.

Ich bin glücklich und stolz, Ihnen das Thema geliefert zu haben, zu dem Sie die inspirierendsten Sätze entwickelt haben. Ich reiche Ihnen mit Freude die Hand.

ANATOLE FRANKREICH.

Ich war bereits zweimal in Covent Garden. Zuerst für „*Le Roi de Lahore*"und dann für „*Manon* ", gesungen von Sanderson und Van Dyck.

Ich ging noch einmal zu den Proben von *La Navarraise zurück* . Unsere Hauptkünstler waren Emma Calvé, Alvarez und Plancon.

Die Proben mit Emma Calvé waren für mich eine große Ehre und zugleich eine große Freude, die ich später bei den Proben zu *Sapho* in Paris erneuern sollte.

Der Prinz von Wales, der spätere Eduard VII., besuchte die Uraufführung von *La Navarraise* .

Die Aufrufe der Künstler waren so zahlreich und enthusiastisch, dass sie schließlich nach mir riefen. Da ich nicht erschien, aus dem guten Grund, dass ich nicht da war und dem Prinzen von Wales, der mir gratulieren wollte, nicht vorgestellt werden konnte, konnte der Manager nur einen Weg finden, mich sowohl vor dem Prinzen als auch vor dem Publikum zu entschuldigen. Er kam auf die Bühne und sagte: „M. Massenet raucht draußen eine Zigarette und kommt nicht."

Zweifellos war dies richtig, aber „die ganze Wahrheit sollte nicht immer gesagt werden."

Ich kehrte mit meiner Frau, meinem lieben Verleger Heugel und Adrien Bernheim, dem Regierungskommissar der subventionierten Theater, der die Vorstellung mit seiner Anwesenheit beehrt hatte, an Bord des Schiffes zurück. Seitdem ist er einer meiner charmantesten und liebsten Freunde.

Ich erfuhr, dass Ihre Majestät Königin Victoria Emma Calvé nach Windsor bestellte, um *La Navarraise zu singen* , und mir wurde erzählt, dass sie im Salon der Königin eine Bühnenkulisse improvisierten, die höchst malerisch, aber primitiv war. Die Barrikade wurde durch einen Stapel Kissen und Daunendecken dargestellt.

Habe ich erwähnt, dass im Monat Mai vor „*La Navarraise*"in London *(20. Juni 1894) die Opéra-Comique „Le Portrait de Manon"*aufführte , ein exquisites Stück von Georges Boyer, das von Fugère, Grivot und Mlle. Lainé wunderbar interpretiert wurde?

Viele der Sätze *Manons* tauchen in dem Werk wieder auf. Das Thema hat mich dazu veranlasst, denn es handelt vom vierzigjährigen Des Grieux, einer poetischen Erinnerung an die längst verstorbene Manon.

Zwischendurch besuchte ich noch einmal Bayreuth, um den *Nürnberger Meistersingern zu applaudieren* .

Richard Wagner war viele Jahre nicht dort gewesen, aber seine gigantische Seele beherrschte alle Aufführungen. Als ich durch die Gärten rund um das Bayreuther Theater schlenderte, erinnerte ich mich daran, dass ich ihn 1861 gekannt hatte. Ich hatte zehn Tage lang in einem kleinen Zimmer in seiner Nähe im Schloss Plessis-Trévise gewohnt, das dem berühmten Tenor Gustave Roger gehörte. Roger konnte Deutsch und bot an, die französische Übersetzung des *Tannhäuser anzufertigen* . Also zog Richard Wagner zu ihm, um den französischen Text zu vertonen.

Ich erinnere mich noch an seine kraftvolle Interpretation, als er auf dem Klavier Fragmente dieses Meisterwerks spielte, das damals so unbeholfen missverstanden wurde und heute in der gesamten Kunst- und Musikwelt so sehr bewundert wird.

KAPITEL XXI

EIN BESUCH BEI VERDIABSCHIEDE VON AMBROISE THOMAS

Henri Cain hatte uns nach London begleitet und besuchte mich im Cavendish Hotel in der Jermyn Street, wo ich wohnte.

Wir blieben mehrere Stunden in der Besprechung und diskutierten verschiedene Themen, die sich für zukünftige Arbeiten eignen würden. Schließlich einigten wir uns auf das Märchen von Aschenputtel: *Cendrillon* .

Ich kehrte nach Pont de l'Arche zurück – einem neuen Zuhause für meine Frau und mich – um im Sommer zu arbeiten.

Unser Haus war höchst interessant und hatte sogar einen historischen Wert. Eine massive Tür, die an riesigen Scharnieren hing, führte von der Straßenseite in ein altes Herrenhaus. Es war von einer Terrasse umgeben, von der aus man auf das Tal der Seine und der Andelle hinunterblickte. Die Schöne Normandie bot uns tatsächlich den entzückenden Anblick ihrer lächelnden, herrlichen Ebenen und ihrer üppigen Weiden, die sich bis zum Horizont und darüber hinaus erstreckten.

Die Herzogin von Longueville, die berühmte Heldin von La Fronde, hatte in diesem Haus gelebt – es war der Ort ihrer Lieben. Die verführerische Herzogin mit ihrer angenehmen Art und ihren Gesten, zusammen mit dem Ausdruck ihres Gesichts und dem Ton ihrer Stimme, bildeten eine wunderbare Harmonie. So sehr, dass ein jansenistischer Schriftsteller der Zeit sagte: „Sie war die vollkommenste Schauspielerin der Welt." Diese großartige Frau behütete hier ihren Charme und ihre seltene Schönheit. Man muss glauben, dass sie nicht übertrieben haben, denn Victor Cousin wurde ihr posthumer Liebhaber (zusammen mit dem Herzog von Coligny, Marcillac, dem Herzog von la Rochefoucauld und dem großen Turenne; er könnte in weniger brillanter Gesellschaft gewesen sein); aber wie wir sagten, widmete ihr der berühmte eklektische Philosoph ein Werk, das zweifellos einen bewundernswerten Stil hatte, aber immer noch als eines der vollständigsten Beispiele moderner Gelehrsamkeit gilt.

Sie war eine geborene Bourbon-Condé, die Tochter des Prinzen von Orleans, und die Lilien, die ihr von Rechts wegen zustanden, waren noch immer auf den Schlusssteinen der Fensterbögen unseres kleinen Schlosses zu sehen.

Es gab einen großen weißen Salon mit fein geschnitzten Holzarbeiten, der durch drei Fenster mit Blick auf die Terrasse beleuchtet wurde. Es war ein perfekt erhaltenes Meisterwerk des 17. Jahrhunderts.

Der Raum, in dem ich arbeitete, wurde ebenfalls durch drei Fenster erhellt und hier konnte man einen Kaminsims bewundern, ein wahres Meisterwerk der Kunst im Stil Ludwigs XIV. In Rouen fand ich einen großen Tisch aus derselben Zeit. Ich fühlte mich dort wohl, weil ich die Blätter meiner Orchesterpartitur darauf auslegen konnte.

Am Pont de l'Arche erfuhr ich eines Morgens vom Tod von Frau Carvalho. Dies musste die Gesangskunst und die Bühne in tiefe Trauer stürzen, denn sie war mit ihrem meisterhaften Talent über lange Jahre die Verkörperung beider. Hier erhielt ich auch den Besuch meines Direktors, Léon Carvalho, der von ihrem Tod zutiefst erschüttert war. Er war überwältigt von diesem unersetzlichen Verlust.

La Vivandière fertigzustellen , ein Werk, an dem Benjamin Godard arbeitete, bei dem man jedoch aufgrund seines Gesundheitszustands befürchtete, dass er es nie beenden würde.

Ich lehnte diese Bitte knapp ab. Ich kannte Benjamin Godard und seine Willensstärke sowie den Reichtum und die Lebendigkeit seiner Inspiration. Ich bat Carvalho, nichts von seinem Besuch zu erzählen und Benjamin Godard seine eigene Arbeit beenden zu lassen.

Der Tag endete mit einem ziemlich albernen Zwischenfall. Ich machte mich auf den Weg, um eine große Kutsche zu holen, mit der ich meine Gäste zum Bahnhof bringen konnte. Zur verabredeten Zeit stand ein offener Landauer vor meiner Tür. Er hatte mindestens sechzehn Federn, war mit blauem Satin ausgekleidet und man konnte über eine dreifache Trittleiter einsteigen, die sich beim Schließen der Tür zusammenfaltete. Zwei dünne, schlaksige Schimmel, echte Rossinantes, waren vorgespannt.

Meine Gäste erkannten diese historisch aussehende Kutsche sofort, denn sie hatten ihre Besitzer oft darin im Bois de Boulogne getroffen. Die öffentliche Bosheit hatte diese Leute so lächerlich gefunden, dass sie ihnen einen Spitznamen gaben, den ich aus Gründen des Anstands nicht erwähnen muss. Ich möchte nur sagen, dass er dem Vokabular der Zoologie entlehnt war.

Noch nie war in den Straßen dieser sonst so ruhigen und friedlichen Kleinstadt so viel Gelächter zu hören gewesen. Sie hörten nicht auf, bis der Bahnhof erreicht war, und ich kann nicht schwören, dass sie danach nicht noch länger anhielten.

, im Mai 1895 „*La Navarraise*" *an der Opéra-Comique* aufzuführen .

Ich fuhr nach Nizza, um *Cendrillon* im Hotel de Suede zu beenden. Wir wurden von unseren charmanten Gastgebern M. und Mme. Roubion vollkommen verwöhnt. Als ich mich in Nizza eingelebt hatte, fuhr ich für zehn Tage nach Mailand, um den Künstlern des bewundernswerten Teatro alla Scala, die *La Navarraise probten, Tipps zu geben* . Die Hauptfigur war Lison Frandin, ein in ganz Italien bekannter und beliebter Künstler.

Da ich wusste, dass Verdi in Genua war, nutzte ich die Gelegenheit, auf dem Weg nach Mailand durch diese Stadt zu kommen, um ihm einen Besuch abzustatten.

Als ich im ersten Stock des alten Palastes der Dorias ankam, wo er lebte, konnte ich auf einer an die Tür eines dunklen Ganges genagelten Karte den Namen entziffern, der so viele Erinnerungen an Begeisterung und Ruhm ausstrahlt: Verdi.

Er öffnete die Tür selbst. Ich war sprachlos. Seine Aufrichtigkeit, Freundlichkeit und die Würde, die seine große Statur seiner ganzen Person verlieh, brachten uns bald zusammen.

Ich verbrachte unbeschreiblich reizvolle Augenblicke in seiner Gegenwart, als wir uns in aller Herrlichkeit in seinem Schlafzimmer und dann auf der Terrasse seines Wohnzimmers unterhielten, von der aus wir über den Hafen von Genua und darüber hinaus über das tiefe Meer blickten, so weit das Auge reichte. Ich hatte die Illusion, er sei einer der Dorias, der mir stolz seine siegreichen Flotten zeigte.

Lucy Arbell

Als ich ging, bemerkte ich: „Jetzt, da ich ihn besucht hatte, war ich in Italien.“

Als ich gerade den Koffer aufheben wollte, den ich in einer dunklen Ecke des großen Empfangszimmers zurückgelassen hatte, wo mir hohe vergoldete Stühle im italienischen Stil des 18. Jahrhunderts aufgefallen waren, sagte ich ihm, dass er Manuskripte enthielt, die ich auf meinen Reisen nie verließ. Verdi ergriff zügig mein Gepäck und sagte, er tue genau dasselbe wie ich, denn er wolle auf Reisen nie von seiner Arbeit getrennt werden.

Wie gern hätte ich seine Noten in meinem Reisekoffer gehabt statt meiner eigenen! Der Meister begleitete mich sogar durch den Garten seines herrschaftlichen Wohnsitzes zu meiner Kutsche.

Als ich im Februar nach Paris zurückkam, erfuhr ich mit größter Erschütterung, dass mein Herr Ambroise Thomas gefährlich erkrankt war.

Obwohl es ihm nicht gut ging, hatte er der Kälte getrotzt, um ein Festival in der Opéra zu besuchen, wo das gesamte furchtbare, großartige Vorspiel zu *Françoise de Rimini aufgeführt wurde* .

Sie spielten das Präludium als Wiederholung und applaudierten Ambroise Thomas.

Mein Herr war von diesem Empfang umso gerührter, als er nicht vergessen hatte, wie grausam streng man sich diesem schönen Werk in der Oper gegenüber gezeigt hatte.

Er ging vom Theater in seine Wohnung am Konservatorium und legte sich zu Bett. Er stand nie wieder auf.

Der Himmel war an diesem Tag klar und wolkenlos, und die Sonne schien mit ihrem sanftesten Glanz in das Zimmer meines verehrten Herrn und streichelte die Vorhänge seines Schmerzensbetts. Seine letzten Worte waren ein Gruß an die fröhliche Natur, die ihm zum letzten Mal zulächelte. „Bei so schönem Wetter sterben", sagte er, und das war alles.

Er wurde in dem Säulenvorraum, von dem ich gesprochen habe, aufgebahrt, am Fuß der großen Treppe, die zur Präsidentenloge führt, die er 25 Jahre lang mit seiner Anwesenheit beehrt hatte.

Am dritten Tag nach seinem Tod hielt ich im Namen der Société des Auteurs et Compositeurs Dramatiques seine Grabrede. Ich begann wie folgt:

„Man sagt, ein König von Frankreich konnte angesichts der Leiche eines mächtigen Herrn seines Hofes nicht umhin zu sagen: ‚Wie groß er war!' So kam uns auch derjenige, der hier vor uns ruht, groß vor, da er zu denen gehört, deren Größe man erst nach dem Tod erkennt.

„Ihn so einfach und ruhig durchs Leben gehen zu sehen, in seinem Traum von der Kunst, wer von uns, der es gewohnt ist, ihn immer freundlich und nachsichtig an unserer Seite zu spüren, hat gesehen, dass er so groß war, dass wir unsere Augen heben mussten, um ihm direkt ins Gesicht zu blicken."

Hier füllten sich meine Augen mit Tränen und meine Stimme schien vor Erregung zu ersticken. Trotzdem beherrschte ich mich, überwand meinen

Kummer und fuhr mit meiner Rede fort. Ich wusste, dass ich noch genug Zeit zum Weinen haben würde.

Es war sehr schmerzhaft für mich, bei dieser Gelegenheit die neidischen Blicke derjenigen zu sehen, die in mir bereits den Nachfolger meines Meisters am Konservatorium sahen. Und tatsächlich geschah genau dies, denn kurz darauf wurde ich ins Ministerium für öffentliche Bildung berufen. Der Minister war damals mein Mitbruder am Institut, der bedeutende Historiker Rambaud, und an der Spitze der Schönen Künste stand Henri Roujon als Direktor, damals Mitglied der Académie des Beaux-Arts und ständiger Sekretär.

die Leitung des Konservatoriums an. Ich lehnte diese Ehre ab, da ich mein Leben am Theater, das meine ganze Zeit in Anspruch nahm, nicht unterbrechen wollte.

Im Jahr 1905 wurde mir die Direktorenstelle erneut angeboten, ich lehnte jedoch aus demselben Grund ab.

Natürlich reichte ich meinen Rücktritt als Kompositionsprofessor am Konservatorium ein. Ich hatte die Position nur deshalb angenommen und beibehalten, weil sie mich mit meinem Direktor in Kontakt brachte, den ich so sehr liebte.

Endlich frei und für immer von meinen Ketten befreit, brachen meine Frau und ich in den ersten Sommertagen in die Berge der Auvergne auf.

KAPITEL XXII

ARBEIT! IMMER ARBEITEN!

Zu Beginn des vorangegangenen Winters schlug Henri Cain Henri Heugel einen Text für eine Oper vor, die auf Alphonse Daudets berühmter Romanze *Sapho basierte* . Er ging zu Heugel, damit ich den Text mit größerer Sicherheit annehmen konnte, denn er kannte den Einfluss meines Verlegers auf mich.

Ich war leichten Herzens in die Berge gegangen. Ich würde weder das Konservatorium leiten noch Unterricht geben. Ich fühlte mich zwanzig Jahre jünger. Ich schrieb *Sapho* mit einer Begeisterung, die ich bis dahin selten gespürt hatte.

Wir wohnten in einer Villa, und ich fühlte mich weit weg von allem, dem Lärm, dem Tumult, der unaufhörlichen Bewegung und der fieberhaften Geschäftigkeit der Stadt. Wir machten Spaziergänge und Ausflüge durch das schöne Land, das so viel für die Vielfalt seiner Landschaften gelobt wurde, aber noch zu unbekannt war. Die einzige Begleitung unserer Gedanken war das Murmeln des Wassers, das am Straßenrand floss; seine Frische stieg zu uns empor, und oft war es eine sprudelnde Quelle, die die Stille der üppigen Natur durchbrach. Auch Adler kamen von ihren steilen Felsen herab, „der Wohnstätte des Donners", wie Lamartine sagte, und überraschten uns mit ihren kühnen Flügen, während ihre schrillen, durchdringenden Schreie die Luft zum Widerhallen brachten.

Sogar während der Reise arbeitete mein Verstand, und bei meiner Rückkehr hatten sich die Seiten angesammelt.

Ich war von diesem Werk völlig fasziniert und freute mich schon im Voraus, es Alphonse Daudet vorführen zu können, einem sehr guten Freund, den ich aus unserer Jugend kannte.

Wenn ich darauf bestehe, ein wenig von dieser Zeit zu sprechen, dann deshalb, weil mir in meiner langen Karriere vor allem vier Werke so viel Freude bereitet haben, dass ich sie ohne Umschweife als exquisit bezeichne: *Marie Magdalene* , *Werther* , *Sapho* und *Thérèse* .

Anfang September desselben Jahres ereignete sich ein vergnüglicher Zwischenfall. Der Kaiser von Russland kam nach Paris. Die gesamte Bevölkerung – das ist keine Übertreibung – war draußen, um den Festzug durch die Avenues und Boulevards ziehen zu sehen. Die neugierigen Menschen waren von überall her angereist; die Schätzung von einer Million Menschen scheint nicht übertrieben.

Wir taten, was alle anderen taten, und unsere Diener gingen zur selben Zeit; unsere Wohnung war leer. Wir saßen im Haus von Freunden an einem Fenster mit Blick auf den Parc Monceau. Die Prozession war kaum vorüber, als uns plötzlich Angst überkam bei dem Gedanken, dass die Zeit besonders günstig für Einbrüche in verlassene Wohnungen war, und wir eilten nach Hause.

Als wir unsere Schwelle erreichten, drang von drinnen ein Flüstern herüber, das uns in helle Aufregung versetzte. Wir wussten, dass unsere Diener nicht da waren. Es war passiert! Einbrecher waren eingebrochen!

Wir waren schockiert über die Idee, aber wir gingen hinein ... und sahen im Salon Emma Calvé und Henri Cain, die auf uns warteten und sich in der Zwischenzeit unterhielten. Wir waren wie vom Erdboden verschluckt. Tableau! Wir brachen alle in lautes Gelächter über dieses merkwürdige Abenteuer aus. Unsere Diener waren vor uns zurückgekommen und öffneten natürlich die Tür für unsere freundlichen Besucher, die uns einen Moment lang so gründlich erschreckt hatten. Oh Vorstellungskraft, wie vielfältig sind deine phantastischen Schöpfungen!

Carvalho hatte bereits das Bühnenbild und die Kostüme für *Cendrillon vorbereitet, als er erfuhr, dass Emma Calvé in Paris war und Sapho* inszenierte . Neben der bewundernswerten Protagonistin von *La Navarraise* in London und in Paris waren unsere Dolmetscher die charmante Künstlerin Mlle. Julia Guiraudon (später die Frau meines Mitarbeiters Henri Cain) und M. Lepreste, der inzwischen verstorben ist.

Ich habe von der großen Freude gesprochen, die ich beim Schreiben *von Sapho* , einer Oper in fünf Akten, empfand. Henri Cain und der liebe Arthur Bernéde hatten das Libretto gekonnt ausgearbeitet.

Noch nie war das Proben eines Werkes so hinreißend. Mit so hervorragenden Künstlern war die Aufgabe leicht und angenehm zugleich.

Während die Proben so gut liefen, gingen meine Frau und ich eines Abends zu Alphonse Daudet essen. Er mochte uns sehr. Die ersten Noten waren auf dem Klavier ausgearbeitet. Ich sehe Daudet noch immer auf einem Kissen sitzen und fast die Tastatur berühren, mit seinem hübschen Kopf, der so wunderbar von seinem schönen, dichten Haar umrahmt war. Es schien mir, als sei er tief bewegt. Die Unklarheit seiner Kurzsichtigkeit ließ seine Augen noch bewundernswerter erscheinen. Seine Seele sprach mit all ihrer reinen, zarten Poesie durch sie.

Es wäre schwierig, solche Momente, wie meine Frau und ich sie damals erlebten, noch einmal zu erleben.

„*Sapho*" beginnen sollten , erzählte Danbé, der seit meiner Kindheit mein Freund war, den Musikern des Orchesters, was für ein emotionales Werk sie spielen würden.

Schließlich kam es am 27. November 1897 zur Uraufführung.

Der Abend muss sehr schön gewesen sein, denn am nächsten Tag brachte mir die erste Mail folgende Nachricht:

Mein lieber Massenet:

Ich freue mich über Ihren großen Erfolg. Mit Massenet und Bizet, *non omnis moriar* .

Mit zärtlichen Grüßen,
A LPHONSE DAUDET.

Ich erfuhr, dass mein geliebter Freund und berühmter Mitarbeiter bei der Uraufführung dabei gewesen war, und zwar ganz hinten in einer Loge, obwohl er seitdem nur noch selten das Haus verließ.

Umso mehr berührte mich sein Auftritt bei der Vorstellung.

Eines Abends beschloss ich, ins Theater zu gehen, in die Kulissen, und ich war schockiert über Carvalhos Aussehen. Er war immer so aufmerksam und hatte eine so gute Haltung, aber jetzt war er gebeugt und seine Augen hinter den blauen Brillengläsern waren blutunterlaufen. Trotzdem waren seine gute Laune und seine Freundlichkeit mir gegenüber dieselbe wie immer.

Sein Zustand kann mir nur Angst machen.

Wie wahr meine traurigen Vorahnungen waren!

Mein armer Direktor sollte am dritten Tag sterben.

Fast zur gleichen Zeit erfuhr ich, dass Daudet, dessen Leben so wunderbar abgerundet war, seine letzte Stunde auf der Uhr der Zeit hatte schlagen hören. O geheimnisvolle, unerbittliche Uhr! Ich fühlte einen ihrer schärfsten Schläge.

Carvalhos Beerdigung wurde von einer beträchtlichen Menschenmenge verfolgt. Sein Sohn brach hinter seinem Leichenwagen in Schluchzen aus und konnte kaum etwas sehen. Alles in diesem traurigen, eindrucksvollen Trauerzug war schmerzhaft und herzzerreißend.

Daudets Trauerfeier wurde mit großem Pomp in Sainte Clotilde gefeiert. Während des Gottesdienstes wurde nach dem Gesang des *Dies Irae La Solitude* aus *Sapho* (das Zwischenspiel des fünften Aktes) gespielt .

Ich musste mich fast mit aller Gewalt durch die große Menschenmenge drängen, um in die Kirche zu gelangen. Sie war wie ein hungriges, begieriges

Spiegelbild der langen Reihe von Bewunderern und Freunden, die er zu Lebzeiten hatte.

Während ich Weihwasser auf den Sarg streute, erinnerte ich mich an meinen letzten Besuch in der Rue de Bellechasse, wo Daudet lebte. Ich war hingegangen, um ihm Neuigkeiten vom Theater zu erzählen, und hatte ihm Zweige von Eukalyptus mitgebracht, einem der Bäume des Südens, die er so liebte. Ich wusste, welche große Freude ihm das bereiten würde.

Inzwischen machte sich *Sapho* auf den Weg. Ich fuhr nach Saint Raphael, dem Land, in dem Carvalho so gern gelebt hatte.

Ich verließ mich auf eine Wohnung, die ich im Voraus gebucht hatte, aber der Vermieter sagte mir, er habe sie an zwei Damen vermietet, die sehr beschäftigt zu sein schienen. Als ich zurückgerufen wurde, machte ich mich auf die Suche nach einer anderen Unterkunft . Ich erfuhr, dass die beiden, die mein Zimmer bezogen hatten, Emma Calvé und eine ihrer Freundinnen waren. Die beiden Damen hatten zweifellos meinen Namen gehört und ihre Reiseroute geändert. Ihre Anwesenheit an diesem Ort so weit von Paris entfernt zeigte mir jedoch, dass unsere *Sapho* ihre Auftritte zwangsläufig eingestellt hatte.

Welche Launen verzeiht man einem solchen Künstler nicht?

Ich erfuhr, dass im Theater in Paris innerhalb von zwei Tagen alles wieder in Ordnung war. Wäre ich doch da gewesen, um unseren entzückenden Flüchtling zu umarmen!

Zwei Wochen später erfuhr ich aus den Zeitungen in Nizza, dass Albert Carré zum Direktor der Opéra-Comique ernannt worden war. Bis dahin war das Haus vorübergehend der Leitung des Beaux-Arts unterstellt gewesen.

Wer hätte gedacht, dass es unser neuer Manager sein würde, *der Sapho* viel später mit dieser schönen Künstlerin, die seine Frau wurde, wiederbeleben würde. Aber sie war es, die den Sapho von Daudet mit einer ungewöhnlich ansprechenden Interpretation verkörperte.

Der Tenor Salignac hatte in der Rolle des Jean Gaussin beachtlichen Erfolg.

Bei der Wiederaufnahme bat mich Carré, einen neuen Akt einzuflechten, den Akt der Briefe, und ich führte die Idee mit Begeisterung aus.

Sapho wurde auch von der ungewöhnlichen Künstlerin Mme. Georgette Leblanc gesungen, der späteren Frau des großen Literaten Maeterlinck.

Auch aus dieser Rolle ist Mme. Bréjean-Silver eine erstaunlich lebensechte Figur geworden.

Wie viele andere Künstler haben dieses Werk gesungen!

Die erste Oper, die unter der neuen Leitung aufgeführt wurde, war Reynaldo Hahns *L'Ile de Rêve* . Er widmete mir diese exquisite Partitur. Diese Musik ist durchdringend, denn sie wurde von einem wahren Meister geschrieben. Was für eine Gabe er hat, uns in warme Liebkosungen einzuhüllen!

Anders verhielt es sich mit der Musik mancher unserer Mitbrüder. Reyer empfand sie als unerträglich und machte dazu folgende imagefördernde Bemerkung:

„Ich traf gerade Gretrys Statue auf der Treppe; er hatte genug und floh."

Das erinnert mich an einen anderen, ebenso witzigen Seitenhieb du Locles gegenüber Reyer am Tag nach Berlioz' Tod:

„Nun, mein lieber Freund, Berlioz ist Ihnen voraus."

Du Locle konnte sich diesen harmlosen Scherz erlauben, denn er war Reyers ältester Freund.

Ich finde dieses Wort vom Autor von *Louise* , den ich als Kind aus dem Unterricht am Konservatorium kannte und der immer eine familiäre Zuneigung für mich empfand:

Mitternacht, Silvester.

Lieber Meister ,

Treue Erinnerung von Ihrem Liebsten am letzten Tag, der mit Sapho endet, und der ersten Stunde des Jahres, die mit Cendrillon abschließt .

GUSTAVE CHARPENTIER.

Cendrillon erschien erst am 24. Mai 1899. Die nacheinander, im Abstand von mehr als einem Jahr, präsentierten Werke brachten mir jedoch folgende Notiz von Gounod ein:

„Tausend Glückwünsche, mein lieber Freund, zu Ihrem jüngsten großen Erfolg. Der Teufel! Sie gehen ja in einem solchen Tempo vor, dass man kaum mit Ihnen mithalten kann."

Wie ich bereits sagte, war die Partitur von *Cendrillon* , geschrieben auf einer Perle aus jener Juwelenschatulle „Les Contes de Perrault", schon seit langem fertig. Sie war *Sapho an der Opéra-Comique überlassen worden. Unser neuer Direktor Albert Carré sagte mir, er wolle Cendrillon* bei der ersten Gelegenheit aufführen , aber das würde noch sechs Monate dauern.

Ich hielt mich in Aix-les-Bains auf, um an meinen Vater zu erinnern, der dort gelebt hatte, und war tief in die Arbeit an *La Terre Promise* vertieft. Die Bibel lieferte einen Text und ich brachte ein Oratorium in drei Akten heraus. Wie gesagt, ich war tief in die Arbeit vertieft, als meine Frau und ich von der schrecklichen Nachricht über den Brand im Wohltätigkeitsbasar erschüttert wurden. Meine liebe Tochter war Verkäuferin.

Wir mussten bis zum Abend warten, bis ein Telegramm eintraf und unsere große Besorgnis beendete.

Ein merkwürdiger Zufall, den ich erst viel später erfuhr, war, dass sich unter den Verkäuferinnen auch die Heldin (Lucy Arbell) von *Perséphone* und *Thérèse* sowie die schöne Dulcinée (in *Don Quichotte*) befanden. Sie war damals erst zwölf oder dreizehn Jahre alt, doch inmitten der allgemeinen Panik fand sie einen Ausgang hinter dem Hotel du Palais und konnte ihre Mutter und mehrere andere retten. Dies zeugte von seltener Entschlossenheit und Mut für ein Kind.

La Terre Promise gesprochen habe , möchte ich noch hinzufügen, dass ich eine völlig unerwartete „Anhörung" hatte. Eugène d'Harcourt, der als Musiker und Kritiker hoch geschätzt war und der vielgelobte Komponist von *Tasse* , das in Monte Carlo aufgeführt wurde, schlug mir vor, eine Aufführung in der Kirche Sainte Eustache mit einem riesigen Orchester und Chor zu dirigieren.

Der zweite Teil war der Einnahme Jerichos gewidmet. Ein Marsch — siebenmal unterbrochen durch die lauten Töne von sieben großen Posaunen — endete mit dem Einsturz der Mauern jener berühmten Stadt, die die Juden einnehmen und zerstören mussten . Der laute Lärm aller Stimmen vereinte sich mit dem gewaltigen Donnern der großen Orgel von Saint Eustache.

Gemeinsam mit meiner Frau besuchte ich die Generalprobe in einer großen Kanzel, zu der uns der ehrwürdige Pfarrer die Ehre erwiesen hatte, einzuladen.

Das war am 15. März 1900.

Ich kehre zu *Cendrillon zurück* . Albert Carré inszenierte diese Oper mit einem ebenso neuartigen wie großartigen Bühnenbild.

Julia Guiraudon war in der Rolle der Cendrillon exquisit. Mme. Deschamps Jehin war als Sängerin und Komödiantin erstaunlich, die hübsche Mlle. Emelen war unser Märchenprinz und der große Fugère erwies sich in der Rolle des Pandolphe als unbeschreiblicher Künstler. Er schickte mir die Nachricht vom „Sieg", die ich am nächsten Morgen in Enghien-les-Bains erhielt, das ich mit meiner Frau als Zufluchtsort in der Nähe von Paris gewählt hatte, um mich von der Generalprobe und der ersten Aufführung fernzuhalten.

Auf die Premiere folgten über sechzig Aufführungen, darunter auch Matineen. Die Brüder Isola, die Leiter des Gaîté, gaben später eine große Zahl von Aufführungen, und es war für ein so Pariser Werk merkwürdig, dass *Cendrillon in Italien* großen Anklang fand. Dieses lyrische Werk wurde in Rom dreißig Mal aufgeführt – eine ungewöhnliche Zahl. Aus Amerika erreichte mich folgendes Telegramm:

Cendrillon hier, phänomenaler Erfolg .

Das letzte Wort war zu lang und wurde vom sendenden Büro in zwei Hälften gekürzt.

Es war inzwischen das Jahr 1900, die denkwürdige Zeit der Weltausstellung.

Ich hatte mich kaum von der großen Erregung durch *La Terre Promise* in Saint Eustache erholt, als ich ernsthaft krank wurde. An der Oper waren gerade die Proben zu *Le Cid im Gange* , die sie wieder aufführen wollten. Im Oktober desselben Jahres wurde die hundertste Aufführung erreicht.

Ganz Paris war ein Fest. Die Hauptstadt, einer der meistbesuchten Orte der Welt, wurde noch mehr und besser als das: Sie war die Welt selbst, denn alle Menschen trafen sich dort. Alle Nationen drängten sich, alle Sprachen waren zu hören und alle Kostüme wurden gegeneinander ausgespielt.

Obwohl die Ausstellung Millionen freudiger Töne gen Himmel schickte und zwangsläufig einen Ehrenplatz in der Geschichte einnahm, strömte die riesige Menschenmenge bei Einbruch der Nacht in die überall geöffneten Theater, um sich von den Emotionen des Tages zu erholen, und drang in den prachtvollen Palast ein, den unser lieber großer Charles Gamier für die Kundgebungen der Lyrik und der Religion des Tanzes errichtet hatte.

Gailhard hatte mich im Mai besucht, als ich so krank war, und hatte mir das Versprechen abgenommen, bei der hundertsten Vorstellung, die er mehr als erhofft hatte und die tatsächlich im Oktober stattfand, in seiner Loge anwesend zu sein. An diesem Tag folgte ich seiner Einladung.

Mlle. Lucienne Bréval und Mm. Saléza und Frédéric Delmas wurden am Abend der hundertsten Vorstellung mit stürmischem Beifall bedacht. Bei der Wiedereinberufung am Ende des dritten Akts schob mich Gailhard trotz meines Widerstands nach vorn in seine Loge …

Man kann sich leicht vorstellen, was auf der Bühne, im großartigen Orchester der Oper und im bis unters Dach gefüllten Publikum passierte.

KAPITEL XXIII

MITTEN IM MITTELALTER

In Paris wurde ich sehr krank. Ich empfand den Weg vom Leben zum Tod als so leicht, als sei er so sanft und erholsam, dass es mir leid tat, wieder in den harten, schneidenden Schwierigkeiten des Lebens zu stecken.

Ich war der bitteren Kälte des Winters entkommen; jetzt war es Frühling, und ich kehrte in mein altes Zuhause in Égreville zurück, um in ihrer Einsamkeit und Ruhe die Natur, die große Trösterin, zu finden.

Ich hatte eine umfangreiche Korrespondenz, Briefe, Broschüren und Manuskriptrollen dabei, die ich noch nie geöffnet hatte. Ich wollte dies unterwegs tun, um mich von der Langeweile der Reise abzulenken. Ich hatte mehrere Briefe geöffnet und wollte gerade ein Manuskript ausrollen. „Oh nein", sagte ich, „das reicht." Tatsächlich war ich zufällig auf ein Bühnenwerk gestoßen.

Muss mir die Bühne überallhin folgen, dachte ich. Ich wollte nichts mehr damit zu tun haben. Also legte ich das lästige Ding beiseite. Doch während ich weiterreiste, um, wie man so sagt, die Zeit totzuschlagen, nahm ich es wieder auf und machte mich daran, dieses berühmte Manuskript durchzugehen, ungeachtet dessen, welchen Wunsch ich vielleicht gehabt haben mochte.

Meine Aufmerksamkeit war zunächst oberflächlich und unaufmerksam, doch allmählich festigte sie sich. Unmerklich begann ich mit Interesse zu lesen; so sehr, dass ich schließlich echtes Erstaunen verspürte – ich muss gestehen, es wurde sogar zu Verblüffung.

„Was", rief ich aus, „ein Stück ohne eine Rolle für eine Frau, außer der sprachlosen Erscheinung der Jungfrau!"

Wenn ich überrascht und verblüfft wäre, was würden dann die Gefühle derer empfinden, die es gewohnt waren, mich Manon, Sapho, Thaïs und andere liebenswerte Damen auf der Bühne darstellen zu sehen. Das stimmte, aber dabei würden sie vergessen, dass die erhabenste aller Frauen, die Jungfrau, mich bei meiner Arbeit unterstützen musste, so wie sie sich dem reuigen Jongleur gegenüber wohltätig zeigte.

Ich hatte die ersten Szenen kaum durchgelesen, als ich das Gefühl hatte, vor dem Werk eines wahren Dichters zu stehen, der mit der Archaik der mittelalterlichen Literatur vertraut war. Das Manuskript trug keinen Autorennamen.

Ich schrieb meinem Concierge, um den Ursprung dieses geheimnisvollen Pakets herauszufinden, und er teilte mir mit, dass der Autor seinen Namen und seine Adresse hinterlassen habe, mit der ausdrücklichen Anweisung, sie mir nicht preiszugeben, es sei denn, ich hätte zugestimmt, die Musik für das Werk zu schreiben.

Der Titel „*Le Jongleur de Notre Dame*" gefolgt vom Untertitel „Wunder in drei Akten" hat mich verzaubert.

Der Charakter meines Zuhauses, ein Relikt aus demselben Mittelalter, und die Umgebung, in der ich mich in Égreville befand, waren genau geeignet, mir die gewünschte Atmosphäre für meine Arbeit zu bieten.

Die Partitur war fertig und es war Zeit, mit meinem Unbekannten zu kommunizieren.

Schließlich erfuhr ich seinen Namen und seine Adresse und schrieb ihm.

Es besteht kein Zweifel daran, dass ich dies mit Freude getan habe, denn der Autor war kein anderer als Maurice Léna, der ergebene Freund, den ich in Lyon kennengelernt hatte, wo er den Lehrstuhl für Philosophie innehatte.

Meine liebe Léna kam dann am 14. August 1900 nach Égreville. Wir eilten von der kleinen Station zu mir. In meinem Zimmer fanden wir auf dem großen Tisch (ich bilde mir ein, dass es ein berühmter Tisch war, denn er hatte dem berühmten Diderot gehört) die gestochene Klavier- und Gesangspartitur von *Le Jongleur de Notre Dame ausgebreitet* .

Léna war sprachlos, als sie das sah. Er wurde von den herrlichsten Gefühlen überwältigt.

Wir beide hatten Freude an der Arbeit. Nun stand uns das Unbekannte bevor. Wo und in welchem Theater sollten wir spielen?

Es war ein strahlender Tag. Die Natur mit ihren berauschenden Düften, die schöne Jahreszeit auf den Feldern, die Blumen auf den Wiesen, die angenehme Verbindung, die sich zwischen uns bei der Arbeit entwickelt hatte, alles sprach tatsächlich von Glück. Solch flüchtiges Glück ist, wie uns die Dichterin Mme. Daniel Lesaeur gesagt hat, die ganze Ewigkeit wert.

Die Felder erinnerten uns daran, dass wir uns am Vorabend des 15. August befanden, dem Fest der Jungfrau Maria, die wir in unserer Arbeit besungen hatten.

Da ich zu Hause, insbesondere in Égreville, kein Klavier hatte, war es mir nicht möglich, die Neugier meiner lieben Léna zu befriedigen und ihn die Musik dieser oder jener Szene hören zu lassen.

Wir schlenderten kurz vor der Vesper gemeinsam zur alten, ehrwürdigen Kirche und konnten aus der Ferne die Akkorde ihres kleinen Harmoniums hören. Da kam mir eine verrückte Idee. „Hey! Was, wenn ich dir etwas vorschlage", sagte ich zu meinem Freund, „was, wenn ich dir etwas vorschlage, was an diesem heiligen Ort auf keine andere Weise möglich wäre, aber sicherlich sehr verlockend ist! Stellen Sie sich vor, wir gehen in die Kirche, sobald sie verlassen und in heilige Dunkelheit zurückgekehrt ist. Was, wenn ich dich Fragmente unseres *Le Jongleur de Notre Dame hören lassen würde?* Wäre das nicht ein göttlicher Moment, der uns für immer in Erinnerung bleiben würde ?" Und wir setzten unseren Spaziergang fort, während der wohlige Schatten der großen Bäume die Wege und Straßen vor dem Stich einer zu glühenden Sonne schützte.

Am nächsten – traurigen Morgen – trennten wir uns.

Der folgende Herbst, der Winter und schließlich auch das Frühjahr des darauffolgenden Jahres vergingen, ohne dass irgendjemand von irgendwoher mit einem Angebot zu mir kam, die Arbeit zu übernehmen.

Als ich am wenigsten daran dachte, bekam ich einen ebenso unerwarteten wie schmeichelhaften Besuch von M. Raoul Gunsbourg.

Gerne möchte ich hier an die großen Verdienste dieses engen Freundes erinnern, an seine Individualität als Manager und sein Talent als Musiker, dessen Werke auf der Bühne triumphieren.

Raoul Gunsbourg überbrachte mir die Nachricht, dass mich S.D., der Fürst von Monaco, auf seinen Rat hin für ein Werk ausgewählt hatte, das im Theater von Monte Carlo aufgeführt werden sollte.

Le Jongleur de Notre Dame war fertig und ich bot es an. Es wurde vereinbart, dass Seine Durchlaucht nach Paris kommen und sich das Werk persönlich anhören sollte. Diese Anhörung fand tatsächlich im wunderschönen, künstlerischen Haus meines Verlegers Henri Heugel statt. Der Prinz war vollkommen zufrieden; er erwies mir die Ehre, mehrmals seine aufrichtige Freude auszudrücken. Das Werk wurde einstudiert und die späteren Proben fanden in Paris unter der Leitung von Raoul Gunsbourg statt.

Im Januar 1902 verließen meine Frau und ich Paris und gingen zum Palast von Monaco, wo uns Seine Durchlaucht herzlich als Gäste eingeladen hatte. Welch ein Kontrast zu dem Leben, das wir hinter uns gelassen hatten!

Eines Abends verließen wir Paris, das in eisiger Kälte unter dem Schnee lag, und siehe da, einige Stunden später befanden wir uns in einer völlig anderen Atmosphäre. Es war der Süden, La Belle Provence, die Côte d'Azur. Es war ideal! Für mich war es der Osten, fast vor den Toren von Paris!

Der Traum begann. Ich brauche wohl kaum von all den wunderbaren Tagen zu erzählen, die wie ein Traum in diesem dantesken Paradies vergingen, inmitten dieser herrlichen Landschaft, in diesem luxuriösen, prächtigen Palast, der von der milden tropischen Vegetation erfüllt war.

Die Uraufführung von *Le Jongleur de Notre Dame* fand am Dienstag, dem 18. Februar 1902, in der Oper von Monte Carlo statt. Die hervorragenden Protagonisten waren Mm. Renaud von der Oper und Maréchal von der Opéra-Comique.

Wie gut das Werk aufgenommen wurde, zeigt die Tatsache, dass es in derselben Saison viermal hintereinander aufgeführt wurde.

Zwei Jahre später gab mein lieber Regisseur Albert Carré die Uraufführung von *Le Jongleur de Notre Dame* an der Opéra-Comique mit dieser idealen Besetzung: Lucien Fugère, Maréchal, der Schöpfer der Rolle, und Allard.

Das Werk wurde in Paris bereits zum hundertsten Mal aufgeführt, und während ich diese Zeilen schreibe, hat „ *Le Jongleur de Notre Dame" bereits seit mehreren Jahren einen festen Platz im Repertoire der amerikanischen Theater.*

Es ist interessant festzustellen, dass der Jongleur im Metropolitan Opera House von Mary Garden geschaffen wurde, der brillanten Künstlerin, die in Paris ebenso bewundert wird wie in den Vereinigten Staaten.

Ich gestehe, dass ich etwas verwirrt bin, als ich sehe, wie der Mönch nach der Vorstellung seine Kutte ablegt und wieder ein elegantes Kostüm aus der Rue de la Paix anzieht. Doch angesichts des Triumphs des Künstlers verneige ich mich und applaudiere. [1]

[1] Die Transposition des Tenors ins Sopranregister erscheint als unerträglicher musikalischer Sprachfehler und eine Frau, die einen ernsten und zwangsläufig männlichen Charakter spielt, als grotesk absurd. Die Worte, mit denen Massenet hier seine Einwände gegen dieses unhaltbare Verfahren zum Ausdruck bringt, sind sanft und nur leicht ironisch im Vergleich zu denen, die er gegenüber dem Übersetzer verwendete. Massenet war einfach wütend. Mit flammenden Augen – und wie seine wunderbaren Augen flammen konnten! – und einer Stimme, die vor Empörung und unsäglicher Verachtung strotzte, sagte er zu mir: „Als ich dieses Werk schrieb, hätte ich kaum gedacht, dass die Mönchskutte jemals mit einem Unterrock aus der Rue de la Paix verkleidet werden würde."

Wie gesagt, dieses Werk musste warten, bis es an die Reihe kam, und da Carvalho mich zuvor beauftragt hatte, die Musik für *Griseldis zu schreiben* , ein Werk von Eugène Morand und Armand Silvestre, das im Théâtre-Français großen Beifall fand, schrieb ich die Partitur zwischen meinen Reisen in den Süden und nach Cap d'Antibes. Ach, dieses Hotel am Cap d'Antibes! Das war ein ungewöhnlicher Aufenthalt. Es war ein altes Anwesen, das von Villemessant erbaut worden war, der es richtig und glücklich „Villa Soliel" getauft hatte und das er für Journalisten plante, die von Armut und Alter heimgesucht wurden.

Stellen Sie sich eine große Villa mit weißen Wänden vor, die vom Feuer der hellen Sonne des Südens purpurn gefärbt sind, und die von einem Hain aus Eukalyptusbäumen, Myrten und Lorbeeren umgeben ist. Sie ist über schattige Wege zu erreichen, die von den wohlriechendsten Düften durchdrungen sind, und liegt am Meer – jenem Meer, das seine klaren Wasser von der Azurküste und der Riviera entlang der zerklüfteten Küsten Italiens bis ins antike Hellas fließen lässt, als wolle es auf seinen azurblauen Wellen, die die Provence umspülen, den fernen Gruß der phokäischen Stadt dorthin tragen.

Wie froh war ich über mein sonnendurchflutetes Zimmer, in dem ich in aller Ruhe und bei bester Gesundheit arbeiten konnte!

Griseldis gesprochen habe , möchte ich hinzufügen, dass mein Verleger Albert Carré die Wahl bot, da ich zwei Werke frei hatte, dieses und *Le Jongleur de Notre Dame , und er nahm Griseldis . Aus diesem Grund wurde Le Jongleur de Notre Dame* , wie ich bereits sagte, 1902 in Monte Carlo aufgeführt.

So bekam *Griseldis* den ersten Auftritt und wurde am 20. November 1901 an der Opéra-Comique aufgeführt.

Mlle. Lucienne Bréval hat eine hervorragende Inszenierung daraus gemacht. Der Bariton Dufranne hatte seinen ersten Auftritt in der Rolle des Marquis, Griseldis' Ehemann, und hatte vom ersten Moment an einen glänzenden Erfolg; Fugère war außergewöhnlich in der Rolle des Teufels und Maréchal war ein zärtlicher Liebhaber in der Rolle von Alain.

Mir hat dieses Stück sehr gut gefallen. Mir gefiel alles daran.

Es vereinte so viele rührende Gefühle: die stolze ritterliche Erscheinung des großen, mächtigen Seigneurs, der auf Kreuzzüge ging, die fantastische Erscheinung des Grünen Teufels, der aus dem Fenster einer mittelalterlichen Kathedrale gekommen sein könnte, die Einfachheit des jungen Alain und die entzückende kleine Gestalt des Griseldis-Kindes! Für diese Rolle hatten wir ein kleines Mädchen von drei Jahren, das den Geist des Theaters verkörperte. Da im zweiten Akt das Kind auf Griseldis' Knien die Illusion des Einschlafens vermitteln sollte, fand die kleine Künstlerin ganz allein die richtige Geste, die das entfernte Publikum verstehen würde; sie ließ ihre Arme fallen, als ob sie von Müdigkeit überwältigt wäre. Entzückende kleine Mummenschanze!

Albert Carré hatte ein archaisches und historisches Oratorium gefunden, das künstlerisch perfekt war, und als sich der Vorhang in Griseldis Garten hob, war es ein Vergnügen. Welch ein Kontrast zwischen den blühenden Lilien im Vordergrund und dem düsteren Schloss am Horizont!

Und die Szene des Prologs mit ihrem lebendigen Hintergrund war eine glückliche Entdeckung.

Welche Freude versprach ich mir, mit meinem alten Freund Armand Silvestre am Theater arbeiten zu können. Ein Jahr zuvor hatte er mir geschrieben: „Wirst du mich sterben lassen, ohne *Griseldis* an der Opéra-Comique zu sehen?" Leider war das der Fall, und mein lieber Mitarbeiter Eugene Morland half mir mit seinen poetischen und künstlerischen Ratschlägen.

Griseldis arbeitete , vertraute mir ein Gelehrter, der sich ganz mit der Literatur des Mittelalters beschäftigte und sich für ein Thema aus dieser Zeit interessierte, eine Arbeit an, die er zu dieser Zeit geschrieben hatte. Es war ein sehr mühsames Werk, mit dem ich nicht viel anfangen konnte.

Ich hatte es Gérôme gezeigt, dessen Geist an allem neugierig war, und als Gérôme, der Autor und ich zusammen waren, sagte unser großer Maler, dessen Bemerkungen immer so passend , schlagfertig und amüsant waren, zu dem Autor, der auf seine Meinung wartete: „Wie angenehm ich gestern beim Lesen Ihres Buches eingeschlafen bin."

Und der Autor verneigte sich vollkommen zufrieden.

KAPITEL XXIV

VON CHERUBIN ZU THÉRÈSE

Ich sah zufällig im Théâtre-Français drei völlig neuartige Stücke, die mich sehr interessierten. Es war *Le Chérubin* von Francis de Croisset. Zwei Tage später war ich im Haus des Autors und bat ihn um das Stück. Sein Talent, das damals so ausgeprägt war, hat nie aufgehört, sich immer wieder zu beweisen.

Ich erinnere mich, dass wir an einem regnerischen Tag die Bedingungen unserer Vereinbarung regelten, als wir von der glanzvollen Zeremonie zur Enthüllung der Statue von Alphonse Daudet über die Champs Élysées zurückkamen.

Titel, Thema, Handlung, alles an diesem entzückenden *Chérubin* hat mich bezaubert. Die Musik habe ich in Égreville geschrieben.

Seine Durchlaucht, der Fürst von Monaco, hörte, dass *Le Chérubin* vertont wurde, und erinnerte sich an *Le Jongleur de Notre Dame* , das er so freudig aufgenommen hatte und das ich ihm respektvoll gewidmet hatte. Er ließ mir von M. Raoul Gunsbourg vorschlagen, die Uraufführung in Monte Carlo stattfinden zu lassen. Man kann sich leicht vorstellen, mit welcher Begeisterung ich dieses Angebot annahm. Mme. Massenet und ich reisten erneut in jenes ideale Land, in jenen märchenhaften Palast, an den wir so unvergängliche Erinnerungen haben.

Le Chérubin wurde von Mary Garden geschaffen, die zarte Nina von Marguerite Carré, die bezaubernde Ensoleillad von Cavalieri und die Rolle des Philosophen übernahm Maurice Renaud.

Es war eine wirklich wunderbare Interpretation. Der Applaus und die ständigen Zugaben, die das Publikum von den Künstlern verlangte, zogen den Abend noch zusätzlich in die Länge. Es hielt das Publikum buchstäblich in einer Atmosphäre wildester Begeisterung.

Unser Aufenthalt im Palast war eine einzige Abfolge unbeschreiblicher Freuden, die wir als Gäste dieses hochbeseelten Fürsten der Wissenschaft erneut erleben sollten.

Le Chérubin zusammengearbeitet hatte , unterhielt mich zwischendurch, indem er mich die Musik für ein hübsches, malerisches Ballett in einem Akt schreiben ließ, *Cigale* . Die Opéra-Comique führte es am 4. Februar 1904 auf. Die bezaubernde, talentierte Mlle. Chasle war unsere Cigale, und Messmaecker von der Opéra-Comique spielte die Rolle der Mme. Fourmi, Rentière, auf eine urkomische Art und Weise!

Cigale besuchten, bei Weitem derjenige, der sich am meisten amüsierte . Am Ende gab es eine Szene, die sehr berührend und wunderbar poetisch war, in der ein Engel mit göttlicher Stimme erscheint und in der Ferne singt. Die Stimme des Engels war Mlle. Guiraudon, die zu Mme. Henri Cain wurde.

Ein Jahr später, wie ich bereits sagte, wurde *Le Chérubin am 14. Februar 1905* in Monte Carlo aufgeführt und am 23. Mai des folgenden Jahres beendete die Opéra-Comique in Paris ihre Saison mit demselben Stück. Die einzigen Änderungen bei letzterer bestanden darin, dass Lucien Fugère die Rolle des Philosophen übernahm und damit den vielen Erfolgen, die der Künstler bereits erzielt hatte, einen neuen hinzufügte und dass die Rolle des Ensoleillad der bezaubernden Mlle. Vallandri übertragen wurde.

Persephone in Ariane

Ariane gesagt habe . Der Grund dafür ist, dass ich nie über ein Werk spreche, bis es fertig und graviert ist. Ich habe nichts über *Ariane* oder *Roma gesagt* , deren erste Szenen ich 1902 schrieb, hingerissen von der erhabenen Tragödie, *Rom Vaincue* von Alexandre Parodi. Während ich diese Worte schreibe, werden die fünf Akte von *Roma* in Monte Carlo und der Opéra geprobt, aber ich habe bereits zu viel verraten.

So nehme ich den Lauf meines Lebens wieder auf.

Ariane! Ariane! Das Werk, das mich in so erhabenen Sphären leben ließ! Wie hätte es anders sein können, mit der großartigen, inspirierten Zusammenarbeit von Catulle Mendes, dem Dichter ätherischer Hoffnungen und Träume!

mir den Text von *Ariane* vorzulesen .

Schon lange wollte ich Arianes Tränen weinen. Ich war von der ganzen Kraft meines Herzens und Geistes ergriffen, noch bevor ich das erste Wort der ersten Szene kannte.

Wir verabredeten uns zu dieser Lesung im Haus von Catulle Mendes, der künstlerischen Unterkunft dieses großen Gelehrten und seiner wunderbaren Frau, die ebenfalls eine äußerst talentierte und wahre Dichterin war.

Ich verließ das Haus mit einem wahren Fieber vor Aufregung. Das Libretto lag in meiner Tasche an meinem Herzen, als wollte ich es das Pochen spüren lassen, als ich in einen Victoria stieg, um nach Hause zu fahren. Es regnete in Strömen, aber ich bemerkte es nicht. Arianes Tränen erfüllten mein ganzes Wesen mit Entzücken.

Liebe, gute Tränen, mit welcher Freude musst Du während der Proben gefallen sein! Ich war überwältigt von der Wertschätzung und Aufmerksamkeit meines lieben Direktors Gailhard sowie meiner bemerkenswerten Dolmetscher.

Im August 1905 spazierte ich nachdenklich unter der Pergola unseres Hauses in Égreville spazieren, als plötzlich eine Autohupe die Echos dieses friedlichen Landes weckte.

Donnerte nicht Jupiter am Himmel, *Caelo tonantem Jovem* , wie Horaz in den Oden sagt? Einen Moment lang konnte ich glauben, dass dies der Fall war, aber wie groß war meine Überraschung – meine sehr angenehme Überraschung –, als ich aus diesem donnernden Tempo zwei Reisende aussteigen sah, die, wenn sie auch nicht vom Himmel kamen, mich dennoch die Töne des Paradieses in ihren freundlichen Stimmen hören ließen.

Ariane zurechtkäme und ob ich bereit wäre, sie der Oper zu überlassen.

Wir gingen in mein großes Zimmer, das man mit seinen gelben Vorhängen aus der damaligen Zeit leicht für das eines Generals des Ersten Kaiserreichs halten konnte. Ich zeigte sofort auf einen Stapel Seiten auf einem großen schwarzen Marmortisch – die gesamte fertige Partitur.

Beim Mittagessen, zwischen den Sardinen als Vorspeise und dem Käse als Dessert, habe ich mehrere Situationen bei der Arbeit erklärt. Dann waren meine Gäste, mit charmantem Humor, so freundlich, meine Einladung zu einem Rundgang durch das Anwesen anzunehmen.

Als wir unter der Pergola, von der ich gesprochen habe, im herrlich frischen, dichten Schatten der Weinreben auf und ab gingen, deren Blätter ein grünes Geflecht bildeten, entschieden wir uns für die Besetzung.

Lucienne Bréval sollte die Rolle der Ariane übernehmen, Louise Grandjean die der dramatischen Phèdre, und angesichts ihres Talents für Tragödien und ihres Erfolgs an der Opéra entschieden wir uns einvernehmlich für Lucy Arbell für die Rolle der düsteren, schönen Höllenkönigin.

Muratore und Delmas waren eindeutig für Thésée und Pirithoüs angegeben.

Als er ging, erinnerte sich Gailhard an die einfache, vertrauensvolle Formel, mit der unsere Väter in der guten alten Zeit Verträge schlossen. Er pflückte einen Zweig von einem Eukalyptusbaum im Garten und sagte, während er damit in meine Richtung schwenkte:

„Dies ist das Zeichen der Versprechen, die wir heute ausgetauscht haben. Ich trage es bei mir.“

Dann stiegen meine Gäste in ihr Auto und verschwanden im wirbelnden Staub der Straße. Haben sie die nahe Verwirklichung meiner liebsten Hoffnungen in die große Stadt getragen, fragte ich mich, als ich in mein Zimmer stieg. Ich war müde und erschöpft von den Emotionen des Tages und ging zu Bett. Die Sonne schien noch in all ihrer Feuerpracht am Horizont. Sie ließ mein Bett mit ihren blendenden Strahlen purpurn. Ich träumte im Schlaf den schönsten Traum, der uns täuschen kann, wenn eine Aufgabe erfüllt ist.

Ich möchte nun auf ein Detail hinweisen, das von einiger Bedeutung ist.

Meine kleine Marie Magdeleine kam nach Égreville, um ein paar Tage bei ihren Großeltern zu verbringen. Ich gab ihrer Neugier nach und erzählte ihr die Geschichte des Stücks. Ich war an der Stelle angekommen, wo Ariane in die Hölle gezogen wird, um die wandernde Seele ihrer Schwester Phèdre zu finden, und als ich anhielt, rief mein Enkelkind sofort aus:

„Und jetzt, Großpapa, kommen wir in die Hölle!“

Die silbrige, schmeichlerische Stimme des lieben Kindes, ihre plötzliche, natürliche Frage übte eine seltsame, fast magische Wirkung auf mich aus. Ich hatte vorgehabt, sie zu bitten, diese Tat zu unterlassen, aber jetzt beschloss ich plötzlich, sie zu unterlassen, und ich beantwortete die faire Frage des Kindes: „Ja, wir gehen in die Hölle.“ Und ich fügte hinzu: „Dort werden wir die rührende Gestalt von Persephone sehen, die voller Entzücken die Rosen wiederfindet, die göttlichen Rosen, die sie an die geliebte Erde erinnern, auf der sie einst lebte, bevor sie mit einer schwarzen Lilie in der Hand als Zepter die Königin dieses schrecklichen Ortes wurde."

Dieser Besuch in Avernus erforderte ein Bühnenbild und eine Interpretation, die ich bewusst als intensiv bezeichnen werde. Ich musste bei ziemlich kaltem Wetter am 14. Dezember 1907 in Begleitung meines lieben Henri Heugel nach Turin (meine letzte Reise in dieses schöne Land), um bei den letzten Proben im Regio, dem königlichen Theater, dabei zu sein, wo *Ariane* zum ersten Mal in Italien aufgeführt wurde. Das Werk hatte ein luxuriöses Bühnenbild und bemerkenswerte Interpreten. Die große Künstlerin Maria Farneti hatte die Rolle der Ariane. Besonders fiel mir die besondere Sorgfalt auf, mit der Serafin, der hervorragende Dirigent, der als Bühnenmanager fungierte, den Akt in der Hölle inszenierte. Unsere Perséphone war so tragisch, wie man nur sein kann; die Arie der Rosen schien mir jedoch emotionslos. Ich erinnere mich, dass ich ihr bei der Probe, als ich ihr einen Arm voll Rosen in die weit geöffneten Arme warf, sagte, sie solle sie leidenschaftlich an ihr Herz drücken, wie sie es, fügte ich hinzu, mit einem Ehemann oder einem geliebten Schatz tun würde, den sie zwanzig Jahre lang nicht gesehen hat! „Von den Rosen, die vor so langer Zeit verschwunden sind, bis zu der geliebten Person, die man endlich wiederfindet, ist es nicht so weit! Denken Sie daran, Signorina, und die Wirkung wird sicher sein!" Die charmante Künstlerin lächelte, aber hatte sie verstanden?

So war *Ariane* fertig. Mein berühmter Freund Jules Claretie erfuhr davon und erinnerte mich an mein Versprechen, *Thérèse zu schreiben*, ein lyrisches Drama in drei Akten. Er fügte hinzu:

„Das Werk wird kurz sein, denn die Emotionen, die es freisetzt, können nicht verlängert werden."

Ich habe daran gearbeitet, werde mich aber gleich darum kümmern.

Ich habe bereits erwähnt, wie viel Freude ich bei jeder Probe über die ständigen glücklichen Entdeckungen in der Szenerie oder im Gefühl empfand. Ach, mit welcher ständigen aufmerksamen und hingebungsvollen Intelligenz folgten unsere Künstler dem wertvollen Rat von Gailhard!

Der Monat Juni war jedoch von dunklen Tagen geprägt. Eine unserer Künstlerinnen erkrankte schwer und sie kämpften 36 Stunden mit dem Tod, um sie zu retten. Das Werk war für die Bühne bereit und da diese Künstlerin zwangsläufig mehrere Wochen vermisst wurde, unterbrachen sie die Proben im Sommer. Sie wurden Ende September wieder aufgenommen, als es unseren Künstlern wieder gut ging und sie wieder vereint waren. Diese Proben sollten im Allgemeinen im Oktober fortgesetzt werden und wir sollten Ende des Monats auftreten.

Was gesagt wurde, wurde getan; eine seltene Pünktlichkeit für die Bühne. Die Uraufführung fand am 31. Oktober 1906 statt.

Catulle Mendes, der in der Presse oft streng mit mir ins Gericht gegangen war, war zu einem eifrigen Mitarbeiter von mir geworden und – und das ist bemerkenswert – er schätzte die Ehrerbietung, die ich beim Vortrag seiner Verse an den Tag legte, mit Freude.

Sowohl bei unserer gemeinsamen Arbeit als auch bei unseren Studien mit den Künstlern am Theater erfreute ich mich an seinen Ausbrüchen der Hingabe und Zuneigung und an der Wertschätzung, die er mir entgegenbrachte.

Die Aufführungen erfolgten zehnmal im Monat, was für ein neues Werk in der Geschichte des Theaters einzigartig ist, und dauerten bis zur sechzigsten Vorstellung an.

In diesem Zusammenhang fragten sie Lucy Arbell, unsere Perséphone, wie oft sie das Werk gesungen habe, da sie sicher waren, dass ihre Antwort falsch sein würde.

„Warum", rief sie aus, „sechzig Mal!"

„Nein", antwortete ihr Fragesteller, „Sie haben es hundertzwanzig Mal gesungen, denn die Arie der Rosen wird jedes Mal als Zugabe gesungen."

Diese sechzigste Aufführung verdanke ich den neuen Regisseuren, Herrn Messager und Broussan, und sie scheint die letzte eines Werks zu sein, das so brillant begann.

Ich sage es noch einmal: Welch ein Unterschied zwischen der Art und Weise, wie meine Werke seit einigen Jahren aufgestellt sind, und der Art und Weise, wie sie aufgestellt wurden, als ich anfing!

Meine ersten Stücke wurden in der Provinz mit alten Kulissen aufgeführt, und ich musste mir immer wieder anhören, wie der Bühnenleiter Dinge sagte wie:

La Favorita gefunden ; für den zweiten zwei Kulissen aus *Rigoletto* " usw. usw.

Ich erinnere mich an einen zuvorkommenden Regisseur, der mir am Vorabend einer Uraufführung einen Tenor anbot, weil er wusste, dass mir ein solcher fehlte. Er warnte mich jedoch: „Dieser Künstler kennt die Rolle, aber ich muss Ihnen sagen, dass seine Stimme im dritten Akt immer zu tief ist."

Das erinnert mich daran, dass ich im selben Haus einen Bass kannte, der eine seltsame Anmaßung an den Tag legte, die er noch seltsamer ausdrückte:

„Meine Stimme", sagte unser Bass, „geht so weit hinunter, dass sie die Note auf dem Klavier nicht finden können."

Na ja, sie waren alle tapfere und ehrliche Künstler. Sie haben mir gute Dienste geleistet und jahrelang Erfolg gehabt.

Aber ich sehe, dass ich mich mit dem Erzählen dieser alten Zeiten Zeit lasse. Ich muss von dem neuen Werk erzählen, das in Monte Carlo geprobt wurde – ich meine *Thérèse*.

KAPITEL XXV

ÜBER DAS JAHR 1793

An einem Sommermorgen im Jahr 1905 versammelte mein guter Freund Georges Cain, der bedeutende und eloquente Historiker des Alt-Paris, die schöne, charmante Mme. Georges Cain, Mlle. Lucy Arbell von der Opéra und einige andere, um das ehemalige Karmeliterkloster in der Rue de Vaugirard zu besuchen.

Wir waren durch die Zellen des alten Klosters gegangen, hatten die Brunnen gesehen, in die die blutbefleckte Horde der Septembristen die Leichen der abgeschlachteten Priester geworfen hatte, und waren zu den Gärten gekommen, die für diese schrecklichen Massaker noch immer so traurig berühmt sind. Georges Cain hielt mitten in seiner Schilderung dieser schaurigen Ereignisse inne und zeigte uns eine weiße Gestalt, die allein in der Ferne umherirrte.

„Es ist der Geist von Lucile Desmoulins", sagte er. Die arme Lucile Desmoulins, so stark und mutig neben ihrem Mann auf dem Weg zum Schafott, wohin sie ihm so bald folgen sollte!

Es war weder Schatten noch Phantom. Die weiße Gestalt war sehr lebendig! Es war Lucy Arbell, die von tiefen Emotionen überwältigt worden war und sich abgewandt hatte, um ihre Tränen zu verbergen.

Thérèse wurde bereits enthüllt ...

Ein paar Tage später aß ich in der italienischen Botschaft zu Mittag. Zum Nachtisch erzählte uns die freundliche Comtessa Tornielli mit der bezaubernden Anmut und der entzückenden Beredsamkeit, die so charakteristisch für sie waren, die Geschichte des Botschaftspalastes in der Rue de Grenelle.

1793 gehörte der Palast der Familie Gallifet. Einige Mitglieder dieses berühmten Hauses wurden guillotiniert, andere gingen ins Ausland. Man beschloss, das Gebäude als Eigentum des Volkes zu verkaufen, doch ein Diener mit festem und entschlossenem Charakter widersetzte sich dem. „Ich bin das Volk", sagte er, „und ihr sollt dem Volk nicht nehmen, was ihm gehört. Ich bin hier an meinem Platz!"

Als einer der überlebenden Gallifet-Emigranten 1798 nach Paris zurückkehrte, war sein erster Gedanke, das Haus der Familie zu besuchen. Er war sehr überrascht, als ihn der treue Diener empfing, dessen energische Worte die Zerstörung des Hauses verhindert hatten, und sich vor die Füße seines Herrn fallen ließ: „Monseigneur, ich habe mich um Ihr Eigentum gekümmert. Ich gebe es Ihnen zurück."

Der Text von *Thérèse* war vorhergesagt. Diese Offenbarung war seine Vorahnung.

Die Musik des Werks hatte ich im November desselben Jahres zum ersten Mal in Brüssel im Bois de la Cambre.

Es war ein schöner Nachmittag unter einer trüben Herbstsonne. Man wusste, dass der wohltuende Saft langsam in den schönen Bäumen versickerte. Das fröhliche grüne Laub, das ihre Wipfel gekrönt hatte, war verschwunden. Eins nach dem anderen fielen die Blätter unter der Laune des Windes ab, vertrockneten, wurden von der Kälte gerötet und gelb und nahmen das Gold an – Ironie der Natur! seine ganze Brillanz, seine Schattierungen und die verschiedensten Farbtöne.

Nichts ähnelte weniger den armen, traurigen Bäumen unseres Bois de Boulogne. Mit der mächtigen Ausbreitung ihrer Zweige erinnern diese prächtigen Bäume an jene, die in den Parks von Windsor und Richmond so bewundert werden. Ich ging auf den toten Blättern und scharrte mit meinen Füßen darüber. Ihr Rascheln gefiel mir und war eine entzückende Begleitung meiner Gedanken.

Ich war näher am Kern meiner Arbeit, „im Innersten des Themas", denn unter den vier oder fünf Personen, die bei mir waren, war die zukünftige Heldin von *Thérèse* .

Ich habe überall gierig nach allem gesucht, was mit der schrecklichen Terrorperiode zu tun hatte, in allen Kupferstichen, die mir die unheimliche, dunkle Geschichte dieser Epoche erzählen könnten, um die Szenen im zweiten Akt so wahrheitsgetreu wie möglich darzustellen, und ich gestehe, dass es mir gefällt.

Ich kehrte nach Paris in mein Zimmer in der Rue de Vaugirard zurück und schrieb im Winter und Frühling die Musik für *Thérèse* (im Sommer beendete ich sie an der Küste).

Ich erinnere mich, dass eines Morgens die Arbeit an einer Situation die sofortige Hilfe meines Mitarbeiters Jules Claretie erforderte und dass mich das ziemlich verunsicherte. Ich beschloss, sofort an den Minister für Post, Telegrafen und Telefon zu schreiben und ihn zu bitten, mir etwas fast Unmögliches zu ermöglichen: vor vier Uhr ein Telefon in meinem Zimmer aufzustellen.

Natürlich klang mein Brief im Ton einer respektvollen Bitte.

Wie hätte ich das auch hoffen können? Als ich von meinen Geschäften zurückkam, fand ich auf meinem Kaminsims ein hübsches Telefon, das ganz neu war.

Der Minister, Herr Bérard, einer unserer bedeutendsten Literaten, hatte sich verpflichtet gefühlt, sich sofort für meinen kapriziösen Wunsch einzusetzen. Er hatte eine zwanzigköpfige Mannschaft mit allem geschickt, was für eine schnelle Installation erforderlich war.

Lieber, charmanter Minister! Ich liebe ihn umso mehr, weil er mir eines Tages so freundliche Worte an den Kopf warf. „Ich war glücklich", sagte er, „Ihnen eine solche Freude zu machen, Ihnen, der Sie mir mit Ihren Werken im Theater so viel Freude bereitet haben."

Pari pari refertur , ja, es war eine Gegenleistung, aber mit einer Anmut und Freundlichkeit, die ich sehr zu schätzen wusste.

Hallo!... Hallo ! Beim ersten Versuch war ich natürlich sehr ungeschickt. Trotzdem gelang es mir, ein Gespräch zu führen.

Ich erfuhr auch, eine weitere nützliche Freundlichkeit, dass meine Nummer nicht im Annuaire erschien. Folglich konnte mich niemand anrufen. Ich war der Einzige, der dieses wunderbare Instrument benutzen konnte.

Ich wartete nicht lange, um Claretie anzurufen, und er war sehr überrascht über den Anruf aus der Rue Vaugirard. Ich erzählte ihm meine Gedanken über die schwierige Szene, die zur Installation des Telefons geführt hatte.

Die Schwierigkeit lag in der Schlussszene.

Ich rief ihn an,

„Schneiden Sie Thérèse die Kehle durch, dann ist alles in Ordnung."

Ich hörte eine unbekannte Stimme aufgeregt rufen (wir hatten uns verhört):

„Oh, wenn ich nur wüsste, wer du bist, du Schurke, würde ich dich bei der Polizei anzeigen. Ein solches Verbrechen! Wer soll das Opfer sein?"

Plötzlich Clareties Stimme:

„Sobald ihr die Kehle durchgeschnitten ist, wird sie zu ihrem Mann auf den Karren geworfen. Das ist mir lieber als Gift."

Die Stimme des anderen Mannes:

„Oh, das ist zu viel! Jetzt wollen die Schurken sie vergiften. Ich rufe den Hausmeister. Ich will eine Untersuchung!"

Es folgte ein schreckliches Summen, dann eine glückselige Ruhe.

Es war an der Zeit; bei einem Abonnenten, der so aufgeregt war, bestand für Claretie und mich die Gefahr einer schlimmen Viertelstunde! Ich zittere noch immer bei dem Gedanken daran.

Danach habe ich oft mit Claretie über den Draht gearbeitet. Der Arianefaden hat meine Stimme auch zu Perséphone, ich sollte sagen ... Thérèse, gebracht, die ich auf diese oder jene Art diesen oder jenen Gesangsschluss hören ließ, um ihre Meinung zu hören, bevor ich die Noten niederschrieb.

An einem schönen Frühlingstag besuchte ich den Garten von Bagatelle und seinen hübschen Pavillon, der damals noch verlassen war und den der Graf von Artois unter Ludwig XVI. erbaut hatte. Ich prägte mir dieses entzückende kleine Schloss ein, das die triumphierende Revolution für Picknickpartys nutzen ließ, nachdem es seinem früheren Besitzer entrissen worden war. Als er es im Rahmen der Restauration zurückerhielt, nannte der Graf von Artois es Babiole, Bagatelle oder Babiole, es ist alles dasselbe; und dieser Pavillon wurde fast bis in unsere Zeit von Sir Richard Wallace bewohnt, dem berühmten Millionär, Philanthropen und Sammler.

Später wollte ich die Szenerie des ersten Akts von *Thérèse* genau reproduzieren. Unsere Künstlerin (Lucy Arbell) war von der Idee besonders beeindruckt. Es ist bekannt, dass sie aufgrund ihrer Abstammung eine Nachfahrin des Marquis von Hertford ist.

Als die Partitur fertig war und wir die Absichten von Raoul Gunsbourg kannten, der das Werk für die Oper von Monte Carlo haben wollte, wurden Mme. Massenet und ich informiert, dass Seine Durchlaucht der Fürst von Monaco unser bescheidenes Heim mit seiner Anwesenheit beehren und zusammen mit dem Oberhaupt seines Haushalts, dem Comte de Lamotte d'Allogny, mit uns zu Mittag essen würde. Wir luden sofort meinen Mitarbeiter und Mme. Claretie sowie meinen hervorragenden Verleger und Mme. Heugel ein.

Der Fürst von Monaco war in seiner tiefen Einfachheit so freundlich, sich neben ein Klavier zu setzen, das ich für diesen Anlass besorgt hatte, und Passagen aus *Thérèse anzuhören* . Er erfuhr von uns folgende Einzelheiten. Während der ersten Lesung unterbrach mich Lucy Arbell, eine wahre Künstlerin, als ich die letzte Szene sang, in der Thérèse vor Entsetzen nach Luft schnappt, als sie den schrecklichen Karren sieht, der ihren Mann André Thorel zum Schafott bringt, und aus aller Kraft schreit: „*Vive le Roi* !", um sicherzustellen, dass sie im Tod mit ihrem Mann wieder vereint wird. In diesem Moment unterbrach mich unsere tief bewegte Dolmetscherin und sagte in einem Ausbruch der Verzückung: „Ich kann diese Szene niemals zu Ende singen, denn wenn ich meinen Mann erkenne, der mir seinen Namen gegeben und Armand de Clerval gerettet hat, sollte ich meine Stimme verlieren. Daher bitte ich Sie, den Schluss des Stücks vollständig *vorzutragen* ."

Nur große Künstler besitzen solch eine angeborene Gabe instinktiver Emotionen. Ein Beispiel hierfür ist Mme. Fidès Devriès, die mich bat, die Arie von Chimène, *„Pleurez mes yeux"*, neu zu schreiben. Sie stellte fest, dass sie beim Singen nur an ihren verstorbenen Vater dachte und ihren Freund Rodriguez beinahe vergaß.

Eine aufrichtige Note wurde vom Tenor Talazac, dem Schöpfer von Des Grieux, vorgeschlagen. Er wollte vor „ *vous"* ein „*toi* " hinzufügen , das er aussprach, als er Manon im Seminar von Saint Sulpice traf. Bedeutet dieses „ *toi" nicht* den ersten Schrei des alten Liebhabers, als er seine Geliebte wiedersah?

Die Vorproben von *Thérèse* fanden in dem schönen, mit alten Bildern und Kunstwerken reich ausgestatteten Appartement von Raoul Gunsbourg in der Rue de Rivoli statt.

Es war Neujahr und wir feierten, indem wir von 20 Uhr abends bis Mitternacht im Salon arbeiteten.

Draußen war es kalt, aber ein schönes Feuer ließ uns das vergessen, während wir in dieser feinen, erlesenen Atmosphäre Champagner auf die baldige Verwirklichung unserer gemeinsamen Hoffnungen tranken.

Wie aufregend und beeindruckend waren diese Proben, bei denen so großartige Künstler wie Lucy Arbell, Edmond Clément und Dufranne zusammenkamen!

Die Uraufführung von *Thérèse* fand im darauf folgenden Monat, am 7. Februar 1907, an der Opéra de Monte Carlo statt.

In diesem Jahr waren meine liebe Frau und ich wieder Gäste des Prinzen in diesem prächtigen Palast, für den ich bereits meine Bewunderung geäußert habe.

Seine Hoheit lud uns in seine Loge ein – jene Loge, in die ich am Ende der Premiere von *Le Jongleur de Notre Dame gerufen worden war* und in der mich der Fürst von Monaco persönlich öffentlich mit dem Großkordon des St.-Karls-Ordens ausgezeichnet hatte.

Es ist eine schöne Sache, ins Theater zu gehen, aber es ist etwas ganz anderes, einer Vorstellung beizuwohnen und zuzuhören. Am Abend von *Thérèse* nahm ich also wieder meinen gewohnten Platz im Salon des Prinzen ein. Wandteppiche und Türen trennten ihn von der Loge. Ich war dort allein und schweigend, zumindest konnte ich das erwarten.

Stille? Der tosende Applaus, der unsere Künstler begrüßte, war so groß, dass weder Türen noch Vorhänge ihn dämpfen konnten.

Beim offiziellen Abendessen am nächsten Tag im Palast wurden unsere gefeierten Schöpfer eingeladen und gefeiert. Mein berühmter Mitbruder Louis Diémer, der wunderbare Virtuose, der sich bereit erklärt hatte, im ersten Akt von *Thérèse Cembalo zu spielen* , Mme. Louise Diemér, Mme. Massent und ich waren dort. Um den Bankettsaal zu erreichen, mussten meine Frau und ich die Ehrentreppe hinaufsteigen. Sie lag in der Nähe unserer Wohnung – dieser traumhaft schönen Wohnung, wahrlich ein Ort zum Träumen.

Zwei Jahre in Folge wurde *Thérèse* in Monte Carlo gespielt und neben Lucy Arbell, der Schöpferin, hatten wir den brillanten Tenor Rousselière und den Meisterprofessor Bouvet.

Im März 1910 fanden in Monaco anlässlich der Eröffnung des kolossalen Palastes des Ozeanographischen Museums ungewöhnliche und beispiellose Feste statt.

Thérèse wurde bei der Galavorstellung vor einem Publikum aufgeführt, zu dem Mitglieder des Instituts und Mitbrüder seiner Durchlaucht, Mitglied der Akademie der Wissenschaften, gehörten. Viele berühmte Persönlichkeiten, Gelehrte aus der ganzen Welt, Vertreter des diplomatischen Korps sowie M. Loubet, ehemaliger Präsident der Republik, waren anwesend.

Am Morgen der offiziellen Amtseinführung hielt der Prinz eine bewundernswerte Ansprache, auf die die Präsidenten der ausländischen Akademien antworteten.

Ich war bereits sehr unpässlich und konnte daher nicht am Bankett im Palast teilnehmen, nach dem die Gäste der Galavorstellung beiwohnten, von der ich gesprochen habe.

Henry Roujon, mein Mitbruder am Institut , war so freundlich, beim Bankett am nächsten Tag die Rede vorzulesen, die ich selbst gehalten hätte, wenn ich nicht im Bett hätte bleiben müssen.

Von Henri Roujon gelesen zu werden, ist Ehre und Erfolg zugleich.

Auch Saint-Saëns war zu den Festen eingeladen und wohnte ebenfalls im Palast. Er kümmerte sich ständig mit größter Zuneigung um mich. Der Prinz selbst geruhte, mich in meinem Krankenzimmer zu besuchen, und beide erzählten mir vom Erfolg der Aufführung und von unserer Thérèse, Lucy Arbell.

Der Arzt hatte mich am Abend ruhiger gelassen und öffnete mir gegen Mitternacht ebenfalls die Tür. Er tat dies zweifellos, um nachzusehen, wie es mir ging, aber er erzählte mir auch von der hervorragenden Leistung. Er wusste, dass es für mich Balsam mit sicherer Wirkung sein würde.

Hier ist ein Detail, das mir große Befriedigung verschafft hat.

Sie hatten *Le Vieil Aigle* von Raoul Gunsbourg aufgeführt, wofür Mme. Marguerite Carré, die Frau des Direktors der Opéra-Comique, großen Beifall erhielt. Albert Carré war bei der Vorstellung anwesend und traf einen seiner Freunde aus Paris, dem er erzählte, dass er *Thérèse* mit ihrer dramatischen Schöpferin an der Opéra-Comique aufführen würde.

Tatsächlich fand vier Jahre nach der Uraufführung in Monte Carlo und nachdem viele andere Häuser das Werk aufgeführt hatten, am 28. Mai 1911 die Uraufführung von *Thérèse* an der Opéra-Comique statt. *L'Echo de Paris* war so freundlich, zu diesem Anlass eine wunderbar gestaltete Beilage zu veröffentlichen.

Während ich diese Zeilen schreibe, lese ich, dass der zweite Akt von *Thérèse* Teil des seltenen Programms jenes Festes ist, das mir am Sonntag, dem 10. Dezember 1911, in der Oper von den Organisatoren der frommen französischen Wohltätigkeitsorganisation „Trente Ans de Théâtre" angeboten wurde, der nützlichen Schöpfung meines Freundes Adrian Bernheim, dessen Geist ebenso großzügig ist wie seine Seele groß und gut.

Ein lieber Freund sagte vor kurzem zu mir: „Wenn Sie *Le Jongleur de Notre Dame* mit Glauben geschrieben haben, haben Sie *Thérèse* mit ganzem Herzen geschrieben."

Einfacher könnte man es nicht sagen, und nichts könnte mich mehr berühren.

KAPITEL XXVI

VON ARIANE ZU DON QUICHOTTE

Ich liefere ein Werk erst ab, wenn ich es über Monate oder sogar Jahre hinweg in meinem Besitz hatte.

Ich hatte „*Thérèse*" *bereits fertiggestellt* – lange bevor es produziert wurde –, als mir mein Freund Heugel erzählte, dass er bereits mit Catulle Mendes vereinbart hatte, eine Fortsetzung von „*Ariane*" *zu schreiben* .

Bacchus unserer Ansicht nach ein eigenständiges Werk war, müsste es mit *Ariane* eine Einheit bilden .

Der Text dazu entstand in wenigen Monaten und hat mich sehr interessiert.

Und dennoch – und das entspricht völlig meinem Charakter – plagten mich oft Zögern und Zweifel.

Von allen sagenhaften Geschichten über die Götter und Halbgötter der Antike sind jene, die sich auf die Hindu-Helden beziehen, vielleicht die am wenigsten bekannten.

Das Studium der Fabeln der Mythologie, das bis vor kurzem selbst in der klassischsten Bildung lediglich rein neugieriges Interesse weckte, hat dank der Arbeit moderner Gelehrter eine größere Bedeutung erlangt, da diese ihre Rolle in der Religionsgeschichte entdeckt haben.

Der Inspiration seiner poetischen Muse, die immer so leidenschaftlich und farbenprächtig war, nach Belieben in einer solchen Region freien Lauf zu lassen, war für den gut informierten Geist von Catulle Mendes eine wahre Freude.

Palmikis Sanskrit-Gedicht, die Ramayana, ist zugleich religiös und episch. Für diejenigen, die dieses erhabene Gedicht gelesen haben, ist es noch merkwürdiger und großartiger als selbst die Nibelungen, das deutsche Epos des Mittelalters, das den Kampf der Familie der Nibelungen mit Etzel oder Attila und ihre anschließende Zerstörung schildert. Es ist nicht übertrieben, die Ramayana die Ilias oder Odyssee Indiens zu nennen. Sie ist so göttlich schön wie das unsterbliche Werk des alten Homer, das über die Jahrhunderte hinweg überliefert wurde.

Ich kannte die Legende durch wiederholtes Lesen, aber bei meiner Arbeit musste ich meinen Gedanken hinzufügen, was die Worte, die Verse und die Situationen selbst dem oft unaufmerksamen Publikum nicht klar genug erklären konnten.

Meine Arbeit war diesmal intensiv, hartnäckig und unerbittlich. Ich habe buchstäblich gekämpft, ich habe Dinge weggelassen und ersetzt. Schließlich habe ich *Bacchus fertiggestellt* – nachdem ich viele Tage und Monate daran gearbeitet hatte.

Königin Amahelly (Bacchus)

Die von der neuen Direktion der Oper, Herrn Messager und Herrn Broussan, ausgewählte Besetzung sah wie folgt aus: Lucienne Bréval trat erneut als Ariane auf; Lucy Arbell spielte in Erinnerung an ihren Erfolg als Perséphone die in Bacchus verliebte Königin Amahelly; Muratore, unser Thesus, schlüpfte in die Rolle des Bacchus und Gresse übernahm die Rolle des fanatischen Priesters.

Die neue Geschäftsführung saß noch nicht ganz im Sattel und wollte unserer Arbeit einen prachtvollen Rahmen geben.

So grausam sie zuvor zu *Le Mage* und unserem hervorragenden Direktor Gailhard gewesen waren (was ihn nicht davon abhielt, bald darauf dorthin zurückzukehren, beliebter denn je), so gingen sie jetzt hart mit *Bacchus um* .

Als *Bacchus* seinen Posten verließ, waren sich Presse und Öffentlichkeit über den tatsächlichen Wert der neuen Geschäftsführung uneinig.

Ein Werk unter solchen Bedingungen zu veröffentlichen, hieß, ein zweites Mal in Gefahr zu geraten. Ich sah es, aber zu spät; denn trotz seiner Mängel schien das Werk eine solche Beschimpfung nicht zu rechtfertigen.

Das Publikum jedoch, das sich in der Aufrichtigkeit seiner Gefühle gehen lässt, zeigte in bestimmten Teilen des Werks eine sehr tröstliche Begeisterung. Besonders die erste Szene des dritten Aktes wurde mit Applaus und zahlreichen Reverenzen aufgenommen. Das Ballett in den Wäldern Indiens wurde hochgelobt. Der Auftritt von Bacchus in seinem Wagen (bewundernswert inszeniert) war ein großer Erfolg.

Mit ein wenig Geduld hätte das gute Publikum über die Böswilligkeit gesiegt, vor der ich im Voraus gewarnt worden war.

Eines Tages im Februar 1909 hatte ich gerade einen Akt des *Don Quichotte* (darüber werde ich später sprechen) beendet – es war vier Uhr nachmittags – und eilte zu meinem Verleger, um eine Verabredung mit Catulle Mendes wahrzunehmen. Ich dachte, ich sei zu spät, und als ich hineinging, drückte ich mein Bedauern darüber aus, dass ich meinen Mitarbeiter warten ließ. Ein Angestellter antwortete mir mit diesen Worten:

„Er wird nicht kommen. Er ist tot."

Die schreckliche Nachricht ließ mich schwindlig werden. Ich wäre nicht mehr erschüttert gewesen, wenn mir jemand mit einem Knüppel auf den Kopf geschlagen hätte. Im Nu erfuhr ich die Einzelheiten der entsetzlichen Katastrophe.

Als ich wieder zu mir kam, konnte ich nur sagen: „Was *Bacchus* betrifft, sind wir an der Oper verloren. Unsere wertvollste Stütze ist weg."

Der Zorn, den seine scharfe und feine Kritik bei Catulle Mendes auslöste, diente den Gemetzelten als Vorwand für Rache.

Diese Befürchtungen waren durch die oben genannten Zweifel nur allzu berechtigt, und wenn Catulle Mendes bei der Fortsetzung bei unseren Proben anwesend gewesen wäre, wäre er uns eine große Hilfe gewesen.

Meine Dankbarkeit gegenüber diesen großen Künstlern – Bréval, Arbell, Muratore, Gresse – ist sehr groß. Sie haben brillant gekämpft und ihre Talente haben den Glauben an ein gutes Werk geweckt. Oftmals wurde versucht, der schlechten Stimmung entgegenzuwirken. Ich danke Mm. Messager und Broussan für die Idee, auch wenn nichts dabei herausgekommen ist.

Ich schrieb ein wichtiges Stück Orchestrierung (bei geschlossenem Vorhang) zur Begleitung des siegreichen Kampfes der Affen in den indischen Wäldern gegen die heroische Armee des Bacchus. Es gelang mir – zumindest glaube ich das –, inmitten der symphonischen Entwicklungen die Schreie der schrecklichen Schimpansen wahr werden zu lassen, die mit Steinen bewaffnet waren, die sie von den Felsen warfen.

Bergpässe bringen sicher kein Glück. Das mussten Thermopylen und Ronceval ebenso wie Roland und Leonidas auf die harte Tour lernen. All ihre Tapferkeit war vergebens.

Während ich diese Musik schrieb, ging ich oft in den Jardin des Plantes, um die Gewohnheiten dieser Säugetiere zu studieren. Ich liebte diese Freunde, von denen Schopenhauer so böse sprach, als er sagte, wenn Asien seine Affen hat, hat Europa seine Franzosen. Der deutsche Schopenhauer war uns gegenüber nicht sehr freundlich.

Bacchus zu proben (es erschien erst am Ende der Saison 1909), hatte ich das Glück, mit der Arbeit an der Musik für drei Akte von *Don Quichotte beginnen zu können* . Raoul Gunsbourg war außerordentlich daran interessiert, sowohl das Thema als auch die Besetzung an der Opéra de Monte Carlo zu haben.

Ich war sehr schlecht gelaunt, als ich an die Leiden dachte, *die Bacchus* über mich gebracht hatte, ohne dass ich mir als Mensch oder als Musiker irgendetwas vorwerfen konnte.

So trat *Don Quichotte* als beruhigender Balsam in mein Leben. Ich hatte ihn dringend nötig. Seit dem vergangenen September litt ich unter starken rheumatischen Schmerzen und verbrachte einen Großteil meines Lebens im Bett als außerhalb. Ich hatte ein Gerät gefunden, das es mir ermöglichte, im Bett zu schreiben.

Ich verdrängte *Bacchus* und seine ungewisse Zukunft aus meinen Gedanken und arbeitete Tag für Tag an der Komposition von *Don Quichotte* .

Henri Cain hat in seiner Art sehr geschickt ein Szenario aus dem Heldenstück von Le Loraine aufgebaut, dem Dichter, dessen glänzende Zukunft durch die Armut, die seinem Tod vorausging, zerstört wurde. Ich grüße diesen Helden der Kunst, dessen Physiognomie der unseres „Ritters von der traurigen Gestalt" so sehr ähnelte.

Was mich faszinierte und mich dazu veranlasste, dieses Werk zu schreiben, war Le Loraines Geniestreich, die grobe Dirne im Wirtshaus durch Cervantes' Dulcinée durch die originelle und malerische La Belle Dulcinée zu ersetzen. Die berühmtesten französischen Autoren hatten diese Idee nicht.

Es verlieh unserem Stück ein Element tiefer Schönheit in der Rolle der Frau und eine kraftvolle poetische Note in unserem Don Quijote, der vor Liebe – diesmal echter Liebe – für eine Belle Dulcinée stirbt, die diese Leidenschaft rechtfertigt.

Mit unendlicher Freude wartete ich also auf den Tag der Aufführung, der im Februar 1910 kam. Oh schöne, großartige Premiere!

Sie haben unsere großartigen Künstler mit großer Begeisterung empfangen. Lucy Arbell war als La Belle Dulcinée umwerfend und außergewöhnlich und Gresse war ein äußerst komischer Sancho.

Wenn ich an dieses Werk denke, das sie in derselben Saison fünfmal in Monte Carlo aufgeführt haben – ein einzigartiger Rekord in den Annalen dieses Hauses –, spüre ich, wie mein ganzes Wesen vor Glück erschauert bei dem Gedanken, dieses Traumland, das Schloss von Monaco und Seine Durchlaucht beim bevorstehenden *Rom- Festival wiederzusehen* .

Neue Freude erlebte ich bei den Proben zu *Don Quichotte* im Théâtre Lyrique de la Gaîté, wo ich wusste, dass ich von den Regisseuren, den Brüdern Isola, auf das ehrlichste, offenste und herzlichste empfangen werden würde.

Die Besetzung, die wir in Monte Carlo hatten, wurde geändert und in Paris hatten wir für Don Quijote den großartigen Künstler Vanni Narcoux und für Sancho den meisterhaften Komiker Lucien Fugère. Lucy Arbell verdankte ihren Triumph in Monte Carlo ihrem Engagement als La Belle Dulcinée am Théâtre Lyrique de la Gaîté.

Aber gab es jemals ungetrübte Glückseligkeit?

Ich mache mir sicherlich keine bitteren Bemerkungen über die großartigen Erfolge unserer Künstler oder über die Inszenierung der Brüder Isola, die vom Bühnenmanager Labis so gut unterstützt wurde.

Aber urteilen Sie selbst. Die Proben mussten wegen der schweren und aufeinanderfolgenden Erkrankungen unserer drei Künstler um drei Wochen verschoben werden. Merkwürdig und bemerkenswert war jedoch, dass unsere drei Dolmetscher fast gleichzeitig wieder gesund wurden und am Morgen der Generalprobe ihre Zimmer verließen.

Eine süße und ganz besondere Belohnung muss für sie der frenetische Applaus des Publikums gewesen sein, als er bei der Generalprobe am 28. Dezember 1910 ausbrach, die von 13 bis 17 Uhr dauerte.

Mein Neujahrstag war ein sehr festlicher. Ich war krank und lag voller Schmerzen auf dem Krankenbett, als man mir die Visitenkarten meiner treuen Schüler brachte, die sich über meinen Erfolg freuten, schöne Blumen für meine Frau und eine entzückende Bronzestatuette, ein Geschenk von Raoul Gunsbourg, das mich an alles erinnerte, was ich ihm für *Don Quichotte* in Monte Carlo, für die Uraufführungen und Wiederaufnahmen desselben Hauses schuldete.

Im ersten Jahr von *Don Quichotte* im Théâtre Lyrique de la Gaîté gab es achtzig aufeinanderfolgende Aufführungen des Werks.

Mit Freude erinnere ich mich an gewisse malerische Details, die mich während der Vorproben sehr interessierten.

Zunächst einmal die merkwürdige Kühnheit von Lucy Arbell, unserer La Belle Dulcinée, die sich im Lied des vierten Akts selbst auf der Gitarre begleiten wollte. In bemerkenswert kurzer Zeit entwickelte sie sich zu einer Virtuosin auf dem Instrument, mit dem man in Spanien, Italien und sogar in Russland populäre Lieder begleitet. Es war eine bezaubernde Neuerung. Sie befreite uns von der Banalität, dass die Künstlerin vorgibt, Gitarre zu spielen, während ein echter Instrumentalist in den Kulissen spielt und so eine Dissonanz zwischen den Gesten der Sängerin und der Musik erzeugt. Keine der anderen Dulcinées hat diese Glanzleistung der Schöpferin erreichen können. Ich erinnere mich auch, dass ich, da ich ihre stimmlichen Fähigkeiten kannte, die Rolle mit gewagten Vokalisierungen aufhellte, die später mehr als einen Interpreten überraschten; und doch sollte eine Altistin genauso gut singen können wie eine Sopranistin. *Le Prophète* und *Der Barbier von Sevilla* beweisen dies.

Die Inszenierung der von Raoul Gunsbourg so genial erfundenen Windmühlenszene war im Gaîté komplizierter, obwohl der in Monte Carlo erzeugte Effekt beibehalten wurde.

Ein vor dem Publikum geschickt verborgener Pferdewechsel ließ dieses glauben, Don Quijote und die Puppe seien ein und dieselbe Person!

Auch Gunsbourgs Einfall bei der Inszenierung des fünften Aktes war ein glücklicher Zufall. Jeder Künstler, und sei er der erste auf der Welt, möchte in einer qualvollen Szene am Boden liegend sterben. In einem Geistesblitz rief Gunsbourg: „Ein Ritter sollte stehend sterben!" Und unser Don Quijote (damals Schaljapin) lehnte sich an einen großen Baum im Wald und gab so seine stolze und liebesgeplagte Seele auf.

KAPITEL XXVII

EINE SOIRÉ E

Im Frühjahr 1910 war mein Gesundheitszustand etwas angeschlagen. *Roma* war schon lange vorher gestochen worden und es stand Material zur Verfügung; *Panurge* war fertig und ich verspürte – was bei mir selten vorkommt – das dringende Bedürfnis, mich einige Monate auszuruhen.

Dolce Farniente hinzugeben , so herrlich das auch sein mochte. Ich sah mich um und fand eine Beschäftigung, die weder meinen Geist noch mein Herz ermüdete.

Ich habe Ihnen erzählt, dass ich im Mai 1891, als das Haus Hartmann unterging, einem Freund die Partituren von *Werther* und *Amadis anvertraute* . Ich spreche jetzt nur von *Amadis* . Ich ging zu meinem Freund, der seine Schatztruhe öffnete und keine Banknoten, sondern siebenhundert Seiten (den Rohentwurf der Orchestrierung) herausholte, die die Partitur von *Amadis bildeten* und Ende 1889 und im Laufe des Jahres 1890 komponiert worden waren. Das Werk hatte dort einundzwanzig Jahre lang in aller Stille gewartet!

Amadis! Was für ein schönes Libretto hatte ich in *Amadis* ! Was für eine wirklich neuartige Sichtweise! Der Lilienritter ist poetisch und emotional anziehend und bleibt dennoch der Typ des beständigen, respektvollen Liebhabers. Die Situationen sind bezaubernd. Kurz gesagt, welche Auferstehung könnte erfreulicher sein als die der edlen Helden des Mittelalters – dieser tapferen, mutigen, tapferen Ritter.

Ich nahm diese Partitur aus dem Safe und hinterließ an ihrer Stelle ein Werk für ein Quartett und zwei Chöre für Männerstimmen. *Amadis* sollte mein Werk für diesen Sommer sein. Ich begann in Paris fröhlich damit, es abzuschreiben, und ging nach Égreville, um daran weiterzuarbeiten.

Obwohl diese Arbeit leicht war und mir als wohltuendes und perfektes Beruhigungsmittel gegen die Beschwerden erschien, die ich verspürte, stellte ich fest, dass ich wirklich sehr krank war. Ich sagte mir, dass es gut war, das Komponieren in meinem prekären Gesundheitszustand aufzugeben.

Ich fuhr nach Paris, um meinen Arzt aufzusuchen. Er hörte mein Herz ab und sagte dann, ohne mir zu verheimlichen, was seine Diagnose ergeben hatte:

„Du bist sehr krank."

„Was", rief ich aus, „das ist unmöglich. Ich habe noch abgeschrieben, als du gekommen bist."

„Sie sind ernsthaft krank", beharrte er.

Am nächsten Morgen zwangen mich die Ärzte und Chirurgen, mein ruhiges Zuhause und mein geliebtes Zimmer zu verlassen.

Ein Krankenwagen brachte mich ins Krankenhaus in der Rue de la Chaise. Es war ein kleiner Trost, mein Quartier nicht verlassen zu müssen! Ich wurde in die Krankenakte unter falschem Namen eingetragen, denn die Ärzte fürchteten sich vor Gesprächen, so freundlich sie auch sein mochten, die verlangt worden wären und die mir strengstens untersagt waren.

Dank der großzügigen Fürsorge stand mein Bett im besten Zimmer des Ortes und ich war von dieser Aufmerksamkeit sehr gerührt.

Der Chirurg Professor Pierre Duval und die Ärzte Richardière und Laffitte kümmerten sich bewundernswert und hingebungsvoll um mich. Und ich war in einer Stille, die mich mit einer Ruhe umhüllte, deren Wert ich zu schätzen wusste.

Meine besten Freunde besuchten mich, wann immer es ihnen erlaubt war. Meine Frau war sehr bestürzt und war aus Égreville herbeigeeilt, um mir ihre zärtliche Zuneigung zu überbringen.

Nach ein paar Tagen ging es mir besser, doch die meinem Körper auferlegte Ruhe hinderte meine geistige Arbeit nicht daran.

Ich wartete nicht, bis sich mein Zustand besserte, sondern beschäftigte mich mit den Reden, die ich als Präsident des Instituts und der Académie des Beaux-Arts (in diesem Jahr fiel mir die Doppelpräsidentschaft zu) halten musste, und obwohl ich in Eis gehüllt im Bett lag, schickte ich Anweisungen für die Kulissen von *Don Quichotte* .

Endlich bin ich wieder zu Hause angekommen.

Was für eine Freude war es, mein Zuhause wiederzusehen, meine Möbel, die Bücher, deren Seiten ich so gerne umblätterte, alle Gegenstände, die meine Augen erfreuten und an die ich gewöhnt war, die Menschen wiederzusehen, die mir lieb waren, und die Dienerschaft, die vor Aufmerksamkeiten überströmte. Meine Freude war so groß, dass ich in Tränen ausbrach.

Wie glücklich war ich, meine Spaziergänge wieder aufzunehmen, obwohl ich noch immer vor Schwäche unsicher war und mich auf den Arm meines gütigen Bruders und auf den einer lieben Dame stützen musste! Wie glücklich war ich, während meiner Genesung durch die schattigen Wege des Luxemburgs zu gehen, inmitten des fröhlichen Lachens der Kinder, die dort in all ihrer Jugend herumtollten, des hellen Gesangs der Vögel, die von Ast zu Ast hüpften und zufrieden damit waren, in diesem schönen Garten, ihrem entzückenden Königreich, zu leben...

In Égreville, das ich verlassen hatte, als ich noch nicht einmal im Traum daran dachte, was mir geschehen würde, nahm das Leben dort wieder seinen gewohnten Lauf, sobald meine geliebte Frau, die nun über mein Schicksal im Bilde war, zurückkehren konnte.

Der so traurige Sommer ging zu Ende und der Herbst kam mit seinen beiden öffentlichen Sitzungen des Instituts und der Académie des Beaux-Arts sowie den Proben von *Don Quichotte*.

Eine wirklich interessante Idee wurde mir zwischendurch von dem Künstler unterbreitet, dem später die Aufgabe zufiel, sie zum Erfolg zu führen. Ich setzte die Idee um und schrieb eine Reihe von Kompositionen mit dem von der Interpretin vorgeschlagenen Titel *Les Expressions Lyriques*. Diese Kombination zweier Ausdruckskräfte, des Singens und des Sprechens, interessierte mich sehr; vor allem, sie in ein und derselben Stimme zum Schwingen zu bringen.

Darüber hinaus taten die Griechen dasselbe bei der Interpretation ihrer Hymnen, indem sie Gesang und Deklamation abwechselten.

Und da es nichts Neues unter der Sonne gibt, war das, was wir für eine moderne Erfindung hielten, lediglich eine Wiederbelebung der Griechen. Trotzdem war es uns eine Ehre, dies zu tun.

Dulcinée (Don Quichotte)

Seitdem und auch danach habe ich erlebt, wie das Publikum von diesen Kompositionen in den Bann gezogen und vom bewundernswerten persönlichen Ausdruck der Interpretin zutiefst berührt wurde.

Panurge korrigierte , erhielt ich freundlichen Besuch von O. de Lagoanère, dem Generaldirektor des Théâtre Lyrique de la Gaîté. Das Libretto von *Panurge war mir von meinem Freund Heugel anvertraut worden und seine Autoren waren Maurice Boukay, das Pseudonym von Couyba, dem späteren Handelsminister, und Georges Spitzmuller. De Lagoanère kam im Auftrag der Brüder Isola, um mich zu bitten, ihnen Panurge* zu überlassen .

Auf diese ebenso spontane wie schmeichelhafte Reaktion antwortete ich, das Interesse der Herren an mir sei sehr nett, sie würden die Arbeit jedoch nicht kennen.

„Das stimmt", antwortete der liebenswürdige M. Lagoanère sofort, „aber es ist ein Werk von Ihnen."

Wir legten einen Termin fest und bevor wir uns trennten, wurde die Vereinbarung unterzeichnet, einschließlich der Namen der von den Regisseuren vorgeschlagenen Künstler.

Vor einigen Wochen besuchte mich mein guter Freund Adrien Bernheim und schlug mir zwischen zwei Zuckerschlecken (er ist genauso ein Feinschmecker wie ich) vor, ich solle an einer großen Aufführung teilnehmen, die er mir zu Ehren zur Feier des zehnjährigen Bestehens der französischen Wohltätigkeitsorganisation „Trente Ans de Théâtre" organisierte. „Mir zu Ehren!", rief ich in größter Verwirrung.

Kein Künstler, auch der Größte, kann sich der Freude darüber erwehren, bei einem solchen Abend anwesend zu sein.

Von da an sah ich Tag für Tag, und immer in meinem Haus, im Wohnzimmer in der Rue de Vaugirard, die Generalsekretäre der Opéra und der Opéra-Comique, Mm. Stuart und Carbonne, und den Direktor des Théâtre Lyrique de la Gaîté, M.O. de Lagoanère, versammelt, beseelt von der gleichen Hingabe, etwas zu erreichen. Mein lieber Paul Vidal, Orchesterleiter der Opéra und Professor für Komposition am Conservatoire, war ebenfalls dort.

Das Programm wurde sofort festgelegt. Die Privatproben begannen sofort. Trotzdem bereitete mir die Angst, die ich immer empfand, wenn ich ein Versprechen abgebe, dass ich krank sein könnte, wenn der Moment der Erfüllung kommt, mehr als eine schlaflose Nacht.

„Ende gut, alles gut", sagt die Völkerweisheit. Wie Sie sehen werden, war es falsch von mir, mich so viele Nächte lang zu quälen.

Wie ich schon sagte, hätte sich kein Künstler glücklich gefühlt, wenn er nicht an diesem Abend mit seiner großzügigen Hilfe teilgenommen hätte. Unser tapferer Präsident Adrian Bernheim brachte mit ein paar patriotischen Worten alle Professoren des Opernorchesters dazu, um 18.25 Uhr zu kommen und die verschiedenen Akte zu proben, die im Programm verstreut waren. Niemand aß zu Abend; alle hielten sich an den Termin.

Ihnen allen, meinen Freunden und Mitbrüdern, gilt mein aufrichtiger Dank.

Ich kann dieses Fest, an dem ich so persönlich beteiligt war, nicht richtig einschätzen …

Es gibt im Leben keine Situation, egal wie schön oder ernst, ohne dass ein Zwischenfall sie trübt oder für einen Kontrast sorgt.

Alle meine Freunde wollten ihre Begeisterung durch ihre Anwesenheit bei der Soirée in der Oper zum Ausdruck bringen. Unter ihnen war ein treuer

Theaterbesucher, der unbedingt kommen wollte, um sein Bedauern darüber auszudrücken, dass er bei dieser Feier nicht dabei sein konnte. Er hatte vor kurzem seinen Onkel verloren, der Millionär war und dessen Erbe er war.

Ich habe ihm mein Beileid ausgesprochen und er ist gegangen.

Komischer noch: Ich durfte zufällig das merkwürdige Gespräch mit dem Chefbestatter über die Beerdigung seines Onkels mithören.

„Wenn", sagte dieser, „Monsieur ein Begräbnis erster Güte wünscht, wird er die ganze Kirche in Schwarz und mit dem Wappen des Verstorbenen behängen lassen, das Opernorchester, die großen Sänger, den imposantesten Katafalk, je nach Preis."

Der Erbe zögerte.

„Dann, mein Herr, wird es zweitklassig sein: das Orchester der Opéra-Comique, Sänger zweiter Klasse – der Menge nach."

Weiteres Zögern.

Worauf der Bestatter in traurigem Ton hinzufügte:

„Dann wird es dritte Klasse sein; aber ich warne Sie, Monsieur, es wird nicht lustig sein!" (sic).

Da ich gerade bei diesem Thema bin, möchte ich noch hinzufügen, dass ich aus Italien einen Glückwunschbrief erhalten habe, der mit den üblichen Grüßen endet, diesmal jedoch folgendermaßen formuliert ist:

„Glauben Sie, sehr geehrter Herr, an meine aufrichtigste *Trauerfeier*." (Freie Übersetzung von *ossequiosita*.)

Manchmal hat der Tod ebenso lustige Seiten wie das Leben traurige.

Das erinnert an die Treue, mit der die Brüder Lionnet Beerdigungen beiwohnten.

War es Mitgefühl für die Verstorbenen oder der Wunsch, ihre Namen unter den genannten angesehenen Personen zu sehen, die dort anwesend waren? Wir werden es nie erfahren.

Eines Tages hörte Victorien Sardou während eines Trauerzuges, wie einer der Lionnets einem seiner Nachbarn mit gebrochenem Herzen die traurige Nachricht über den Gesundheitszustand eines Freundes überbrachte: „Nun, er wird bald an der Reihe sein."

Diese Worte erregten Sardous Aufmerksamkeit, und er rief aus, auf die Brüder deutend:

„Sie gehen nicht nur zu allen Beerdigungen, sie kündigen sie auch an!"

KAPITEL XXVIII

LIEBE EMOTIONEN

Im Sommer 1902 verließ ich Paris und ging nach Hause nach Égreville. Unter den Büchern und Broschüren, die ich mitnahm, befand sich „ *Rome Vaincue*" von Alexandre Parodi. Diese großartige Tragödie hatte einen unvergesslichen Erfolg, als sie 1876 auf der Bühne der Comédie-Française aufgeführt wurde.

Die damals noch jungen Sarah Bernhardt und Mounet-Sully waren die Protagonisten der beiden eindrucksvollsten Akte des Werks: Sarah Bernhardt verkörperte die blinde Großmutter Posthumia und Mounet-Sully interpretierte den gallischen Sklaven Vestapor.

Sarah hatte in der ganzen Blüte ihrer strahlenden Schönheit die Rolle der alten Frau gefordert. Es ist so wahr, dass die wahre Künstlerin nicht an sich selbst denkt, sondern weiß, wann es notwendig ist, von sich selbst zu abstrahieren, ihren Charme, ihre Anmut und das Licht ihrer Verlockungen den höheren Erfordernissen der Kunst zu opfern.

Dieselbe Bemerkung ließe sich dreißig Jahre später auch auf die Opéra anwenden.

Ich erinnere mich an die hohen Erkerfenster, durch die das Sonnenlicht in mein großes Zimmer in Égreville fiel.

bis zum letzten Tageslicht die spannende Broschüre „ *Rome Vaincue* ". *Ich konnte nicht davon loskommen, so begeistert war ich. Meine Lektüre wurde nur unterbrochen durch*

. . . . die dunkle Klarheit, die die Sterne umgibt

Bleib in der Nacht …

wie unser großer Corneille sagte.

Muss ich noch erwähnen, dass ich dem Drang, sofort mit der Arbeit zu beginnen, nicht widerstehen konnte und in den folgenden Tagen die ganze Szene für Posthumia im vierten Akt schrieb? Man könnte sagen, dass ich auf diese Weise zufällig arbeitete, da ich die Szenen noch nicht entsprechend den Erfordernissen einer Oper verteilt hatte. Immerhin hatte ich mich bereits für einen Titel entschieden: *Roma* .

Die ganze Konzentration, mit der ich mich in diese Arbeit stürzte, ließ mich nicht vergessen, dass ich in Ermangelung von Alexandre Parodi, der 1901 starb, die Autorität der Erben brauchte. Ich schrieb, aber mein Brief erhielt keine Antwort.

Ich verdankte diesen Zwischenfall einer falschen Adresse. Tatsächlich teilte mir die Witwe des berühmten Tragödiendichters später mit, dass mein Ersuchen nie sein Ziel erreicht habe.

Parodi! Er war wahrlich der *vir probus dicendi peritus* der Alten. Welche Erinnerungen habe ich an unsere Spaziergänge auf dem Boulevard des Batignolles! Wie eloquent er das Leben der Vestalinnen erzählte, das er bei Ovid, ihrem großen Historiker, gelesen hatte!

Ich hörte gespannt seinen farbenfrohen, enthusiastischen Reden über Dinge der Vergangenheit zu. Ach, seine Ausbrüche gegen alles, was nicht erhabene Gedanken hatte, sein edler Stolz auf seine Absichten, würdevoll und einfach in der Form – wie großartig, sage ich, waren diese Ausbrüche, und wie fühlte man, dass seine Seele im Jenseits erzitterte! Es war, als ob eine Flamme in ihm brannte und die Zeichen seiner inneren Qualen auf seinen Wangen versengte.

Ich habe ihn bewundert und zutiefst geliebt. Mir scheint, unsere gemeinsame Arbeit ist noch nicht beendet, aber eines Tages werden wir sie in jenem geheimnisvollen Reich wieder aufnehmen können, in das wir gehen, aus dem aber niemand je zurückkehrt.

Ich war völlig verwirrt von der Stille, die auf die Absendung meines Briefes folgte, und wollte das Projekt, *Roma zu schreiben* , schon aufgeben, als ein Meisterdichter in mein Leben trat. Er bot mir , wie bereits erwähnt, fünf Akte – *Ariane – für die Oper an.*

Fünf Jahre später, im Jahr 1907, fragte mich mein Freund Henri Cain, ob ich beabsichtige, meine treue Zusammenarbeit mit ihm wieder aufzunehmen.

Während er mit mir plauderte, bemerkte er, dass meine Gedanken woanders waren und ich mit einer anderen Idee beschäftigt war. Genau das war es. Ich fühlte mich dazu hingezogen, ihm mein Abenteuer mit *Roma zu gestehen* .

Mein Wunsch, in diesem Werk den Text meiner Träume zu finden, wurde sofort von Henri Cain geteilt; 48 Stunden später brachte er mir die Genehmigung der Erben. Sie hatten eine Vereinbarung unterzeichnet, die mir fünf Jahre Zeit gab, das Werk zu schreiben und aufzuführen.

Es ist uns eine Freude, Frau Parodi, einer Frau von außergewöhnlicher und wirklicher Auszeichnung, und ihren Söhnen, von denen einer eine hohe Position im Ministerium für öffentliche Bildung innehat, noch einmal zu danken.

Wie ich bereits sagte, befand ich mich im Februar 1910 in Monte Carlo, um an den Proben und der Uraufführung von *Don Quichotte* teilzunehmen. Ich wohnte wieder wie zuvor in jener Wohnung im Hotel du Prince de Galles, die mir immer so sehr gefallen hatte. Ich kehrte immer mit Freude dorthin zurück. Wie könnte es auch anders sein?

Der Raum, in dem ich arbeitete, lag auf der Ebene der Boulevards der Stadt und ich hatte aus meinen Fenstern eine unvergleichliche Aussicht.

Im Vordergrund waren Orangen-, Zitronen- und Olivenbäume zu sehen, am Horizont der große Felsen, der aus den azurblauen Wellen ragte, und auf dem Felsen der alte, vom Fürsten von Monaco modernisierte Palast.

In diesem ruhigen, friedlichen Zuhause – was für ein Hotel etwas ganz Besonderes ist – wurde ich trotz der dort untergebrachten ausländischen Familien zur Arbeit angeregt. Während meiner probenfreien Stunden beschäftigte ich mich mit dem Schreiben einer Ouvertüre für *Roma*. Ich hatte die achthundert Seiten der Orchestrierung als fertiges Manuskript mitgebracht.

Den zweiten Monat meines Aufenthalts in Monte Carlo verbrachte ich im Palast von Monaco. Dort beendete ich die Komposition inmitten einer tiefen Verzauberung und poetischen Pracht.

Als ich zwei Jahre später bei den Proben zu „*Roma*" *dabei war* und das Werk zum ersten Mal vom Blatt gespielt hörte, gespielt von den Künstlern der Oper unter der außergewöhnlichen Leitung des Meisters Leon Jehin, dachte ich an den Zufall, dass diese Seiten an der Stelle geschrieben worden waren, so nahe an dem Ort, an dem sie aufgeführt werden sollten.

Als ich im April nach den prächtigen Festen zur Eröffnung des Ozeanographischen Museums nach Paris zurückkehrte, erhielt ich einen Anruf von Raoul Gunsbourg. Er kam im Namen Seiner Durchlaucht, um zu erfahren, ob ich ihm ein Werk für 1912 überlassen könnte. *Roma* war schon seit einiger Zeit fertig; das Material dafür war fertig, und daher konnte ich es ihm versprechen und noch zwei Jahre warten. Ich bot es ihm an.

Wie ich bereits sagte, ist es meine Gewohnheit, nie über ein Werk zu sprechen, bis es vollständig fertiggestellt ist und die immer wichtigen Materialien gestochen und korrigiert sind. Dies ist eine beträchtliche Aufgabe, für die ich meinen geschätzten Verlegern Henri Heugel und Paul-Émile Chevalier sowie meinen strengen Korrektoren danken möchte, an deren Spitze ich gerne Ed. Laurens stelle, einen Meistermusiker. Wenn ich darauf bestehe, dann deshalb, weil bisher nichts die Beständigkeit dieser Formel verhindern konnte: „M. Massenet beeilt sich, seine Partitur fertigzustellen, um für die Uraufführung bereit zu sein." Lassen Sie es uns aufnehmen und weitermachen!

Erst im Dezember 1911 begannen die Proben der Künstler in *Rom* bei Raoul Gunsbourg in der Rue de Rivoli.

Es war schön zu sehen, wie sehr unsere großen Künstler sich in die Lehren Günsbourgs hineinversetzt fühlten, der die Rollen lebte und sein ganzes Leben hineinsteckte, um sie auf die Bühne zu bringen.

Leider! Ein Unfall zwang mich zu Beginn dieser leidenschaftlichen Studien ans Bett. Trotzdem konnte ich jeden Abend zwischen fünf und sieben dank des Telefons vom Bett aus den Verlauf der Proben zu *Roma* verfolgen.

Der Gedanke, vielleicht nicht nach Monte Carlo reisen zu können, machte mir Sorgen, aber schließlich genehmigte mein guter Freund, der hervorragende Dr. Richardière, meine Abreise. Am 29. Januar machten sich meine Frau und ich auf den Weg in dieses Land der Träume.

Am Bahnhof in Lyon ein ausgezeichnetes Abendessen! Ein gutes Zeichen. Es sieht gut aus.

Die immer ermüdende Nacht im Zug wurde mit der Freude auf die bevorstehenden Proben überstanden. Es sah besser aus!

Die Ankunft in meinem geliebten Zimmer im Prince de Galles. Ein Rausch. Es sieht noch besser aus!

Was für ein unvergleichliches Gesundheitsbulletin, nicht wahr?

Zum Abschluss die Lesung von *Roma* auf Italienisch mit Orchester, Künstlern und Chor. Es gab so viele schöne, freundliche Darbietungen, dass ich meine warmen Gefühle mit einer Erkältung bezahlte.

Welch ein Kontrast, welch eine Ironie! Aber warum sollte man überrascht sein? Sind nicht alle Kontraste dieser Art?

Glücklicherweise hielt meine Erkältung nicht lange an. Zwei Tage später war ich wieder auf den Beinen, besser als je zuvor. Ich nutzte dies, indem ich mit meiner Frau, die immer neugierig und begierig ist, malerische Orte zu sehen, in einen verlassenen Park ging. Wir waren dort in der Einsamkeit dieser reichen, üppigen Natur, in den Olivenhainen, die uns durch ihre graugrünen, so zarten und süßen Blätter das Meer in seinem unveränderlichen Blau sehen ließen, als ich ... eine Katze entdeckte!

Ja, eine Katze, eine echte Katze, und eine sehr freundliche! Da er ohne Zweifel wusste, dass ich immer freundlich zu seiner Art gewesen war, beehrte er mich mit seiner Gesellschaft und sein beharrliches und liebevolles Miauen verließ mich nie. Ich schüttete diesem Gefährten mein besorgtes Herz aus. Tatsächlich war während meiner Stunden der Isolation die Generalprobe von *Roma* auf ihrem Höhepunkt. Ja, sagte ich mir, gerade ist Lentulus angekommen. Jetzt Junia. Siehe Fausta in den Armen von Fabius. In diesem Moment schleppt sich Posthumia zu den Füßen der grausamen Senatoren. Denn wir, wir anderen, haben, und das ist eine seltsame Tatsache, eine

Intuition für den genauen Moment, in dem diese oder jene Szene gespielt wird, eine Art Weissagung der mathematischen Zeiteinteilung, die auf die Handlung des Theaters angewendet wird. Es war der vierzehnte Februar. Die Sonne dieses herrlichen Tages konnte die Freude all meiner schönen Künstler nur erhellen.

Faksimile von Massenets Antwort auf eine Einladung zu einem Besuch in Amerika

Monte Carlo,
29. Februar 1912.

Lieber guter Freund,

Sie erweisen mir die Ehre, mich um diese Zeilen zur Reproduktion in Amerika zu bitten.

In Amerika!...

Es wird mir eine Ehre sein, meine Gedanken dorthin zu schicken, voller Bewunderung für dieses großartige Land, für sein erlesenes Publikum, für seine Theater, in denen meine Werke aufgeführt wurden. Sie ehren meine Künstler und mich so sehr, wenn Sie von *Roma sprechen* , und ich bin umso stolzer auf Ihre Worte, weil sie diese *tragische Oper* mit der hohen Autorität Ihres Talents präsentieren werden.

MASSENET.

Ich kann nicht ohne eine gewisse natürliche Verlegenheit über die großartige Uraufführung von *Roma sprechen* . Diese Aufgabe überlasse ich anderen, aber ich erlaube mir, wiederzugeben, was jeder in den Zeitungen des nächsten Tages lesen könnte.

Die Interpretation – eine der schönsten, die wir je beklatschen durften – war dieses neuen Meisterwerks Massenets in jeder Hinsicht würdig .

Bemerkenswert ist zunächst, dass es sich bei allen Rollen um sogenannte „gute Rollen" handelt. Jede von ihnen bietet ihrem Interpreten die Möglichkeit zu gesanglichen und schauspielerischen Effekten, die ihm die Bewunderung und den Applaus des Publikums einbringen.

Nachdem wir so viel Lob für das Werk ausgesprochen haben, möchten wir nun den wunderbaren Interpreten in ihrer Reihenfolge zu diesem Programm gratulieren.

Mlle. Kousnezoff war mit ihrer Jugend, ihrer frischen Schönheit und ihrer wunderbar dramatischen Sopranstimme ein Genuss für Augen und Ohren und sie wird noch lange die hübscheste und verführerischste Fausta bleiben, die man sich wünschen kann.

Der besonders dramatische Teil der blinden Posthumia war Anlass für eine Kreation, die zu den außergewöhnlichsten in der brillanten Karriere der großen Operntragödin Lucy Arbell zählen wird. Mit perfektem ästhetischen Sinn fürs Detail in ein wunderschönes dunkles Gewand aus eisengrauer Seide gekleidet, mit einem künstlich gealterten, aber klassisch schönen Gesicht, bewegte und bewegte Lucy Arbell das Publikum zutiefst, sowohl durch ihr beeindruckendes Schauspiel als auch durch die tiefen, samtigen Töne ihrer Altstimme.

Frau Guiraudon hatte mit ihrer Szene im zweiten Akt einen großen persönlichen Erfolg, und noch nie zuvor bedauerte der Pariser Kritiker, dass diese junge, erlesene Künstlerin ihre künstlerische Laufbahn vorzeitig aufgegeben hatte und sich künftig nur noch selten und ... in Monte Carlo zu Wort meldete.

Mme. Eliane Peltier (die Hohepriesterin) und Mlle. Doussot (Galla) rundeten eine erstklassige weibliche Besetzung hervorragend ab.

Darüber hinaus waren die männlichen Rollen nicht weniger bemerkenswert oder wurden weniger beklatscht.

M. Muratore, ein großer Operntenor mit großartiger Erscheinung und
großartiger Stimme, verlieh der Rolle des Lentulus eine Kraft und männliche
Schönheit, die alle Herzen eroberte und ihm in Paris wie in Monte Carlo
einen brillanten und unvergesslichen Triumph sichert.

MJF Delmas war mit seiner klaren Diktion und seiner lyrischen Deklamation,
die so richtig theatralisch ist, ein unvergleichlicher Fabius und erhielt nicht
weniger Beifall als seine Kameraden von der Oper, Muratore und Noté.
Letzterer war in der Tat großartig in der Rolle des Sklaven Vestapor, dessen
wilde Verwünschungen in seinem großen, sonoren Bariton bis zum
Äußersten widerhallten.

Schließlich gelang M. Clauzure, dessen römische Maske perfekt war, eine
Kreation – die erste seiner Karriere – die diesen jungen Premier Prix des
Conservatoire auf eine Stufe mit den berühmten Veteranen der Pariser Oper
stellt, an deren Seite er gestern Abend den guten Kampf der Kunst kämpfte.

Der Chor, sowohl Männer als auch Frauen, die von ihrem ergebenen Meister
M. Louis Vialet geduldig ausgebildet wurden, und die Künstler der Oper, die
ihre Meisterschaft und Homogenität erneut bekräftigten, waren unter der
obersten Leitung des Meisters Leon Jehin tadellos. Alle Komponisten, deren
Werke er dirigiert, überhäufen ihn zu Recht mit Dank und Glückwünschen,
und sein Talent und seine unermüdliche Kraft werden ständig von allen
Dilettanten von Monte Carlo gelobt.

M. Visconti, der auf seine Weise eine der unverzichtbaren künstlerischen
Triebfedern des Théâtre de Monte Carlo ist, malte fünf Szenen von *Roma* ,
besser gesagt fünf meisterhafte Gemälde, die große Bewunderung fanden
und große Bewunderung und anhaltenden Beifall hervorriefen. Sein
„Forum" und „Heiliger Hain" gehören zu den schönsten Theatergemälden,
die hier je zu sehen waren.

Was Herrn Raoul Gunsbourg betrifft, den Bühnenmanager, dessen Lob wir
im Folgenden nicht mehr erwähnen müssen, so genügt es zu sagen, dass *Roma*
eine der Stücke ist, die er mit größter Freude und aufrichtiger Verehrung
aufgeführt hat. Das heißt, er hat seine ganze Sorgfalt und seinen ganzen
diktatorischen und künstlerischen Verstand darauf verwendet.

Mit einer solchen Kombination der Erfolgselemente, die in *Roma steckten* ,
war der Sieg sicher. Der Triumph von gestern Abend war einer der
vollständigsten, den wir hier seit fünfzehn Jahren verzeichnen konnten. Und
wir bekräftigen dies mit Freude zur Ehre des Meisters Massenet und der
Oper von Monte Carlo.

In diesem Jahr waren die Tage im Palast für mein Herz umso schöner, da der Prinz mir, wenn das überhaupt möglich war, eine noch rührendere Zuneigung entgegenbrachte.

Ich hatte die Ehre, im Salon neben der Loge des Prinzen zu sitzen (jeder weiß, dass ich keine Uraufführungen besuche) und ich erinnere mich, dass Seine Durchlaucht am Ende des ersten Aktes vor der gespannten Versammlung zu mir sagte: „Ich habe Ihnen alles gegeben, was ich konnte; ich habe Sie noch nicht umarmt." Und als er das sagte, umarmte mich Seine Durchlaucht mit großer Ergriffenheit.

Hier bin ich in Paris, am Vorabend der Proben und der Uraufführung von *Roma* an der Opéra. Ich habe Hoffnung ... Ich habe so bewundernswerte Künstler. Sie haben für mich bereits die erste Schlacht gewonnen. Werden sie nicht auch in der zweiten siegen können?

KAPITEL XXIX

GEDANKEN NACH DEM TOD

Ich habe diesen Planeten verlassen und meine armen irdischen mit ihren ebenso zahlreichen wie nutzlosen Beschäftigungen zurückgelassen; endlich lebe ich in der funkelnden Pracht der Sterne, von denen mir jeder einzelne so groß vorkam wie Millionen Sonnen. Früher konnte ich auf der großen Bühne der Oper, wo die Kulissen zu oft im Dunkeln lagen, nie eine solche Beleuchtung für meine Kulissen erreichen. Von nun an werde ich keine Briefe mehr beantworten müssen; ich habe mich von den Uraufführungen und den literarischen und anderen Diskussionen, die sich daraus ergeben, verabschiedet.

Hier gibt es keine Zeitungen, kein Abendessen, keine schlaflosen Nächte. Ach! Wenn ich meinen Freunden nur raten könnte, sich mir hier anzuschließen, würde ich nicht zögern, sie zu mir zu rufen. Aber würden sie kommen?

Bevor ich an diesen fernen Ort kam, an dem ich mich jetzt aufhalte, habe ich meine letzten Wünsche niedergeschrieben (ein unglücklicher Ehemann hätte die Gelegenheit genutzt, um voller Freude „meine ersten Wünsche" zu schreiben).

Ich hatte angedeutet, dass ich vor allem in Égreville begraben werden wollte, in der Nähe des Familiensitzes, in dem ich so lange gelebt hatte. Oh, der schöne Friedhof auf den offenen Feldern, still, wie es sich für die Bewohner gehört!

Ich bat darum, keine schwarzen Vorhänge an meine Tür zu hängen, deren Schmuck durch Gebrauch abgenutzt sei. Ich äußerte den Wunsch, dass mich eine geeignete Kutsche von Paris abholen möge, und dass die Reise mit meinem Einverständnis um acht Uhr morgens beginnen sollte.

Eine Abendzeitung (vielleicht auch zwei) hielt es für ihre Pflicht, ihre Leser über meinen Tod zu informieren. Einige Freunde – ich hatte am Tag zuvor noch welche gehabt – kamen und fragten meinen Concierge, ob die Nachricht wahr sei, und er antwortete: „Leider ist Monsieur abgereist, ohne seine Adresse zu hinterlassen." Und seine Antwort stimmte, denn er wusste nicht, wohin mich diese zuvorkommende Kutsche brachte.

Beim Mittagessen beehrten mich Bekannte untereinander mit ihrem Beileid, und tagsüber sprachen sie hier und da in den Theatern über das Abenteuer,

„Jetzt, wo er tot ist, werden sie ihn weniger spielen lassen, nicht wahr?"

„Wussten Sie, dass er noch ein weiteres Werk hinterlassen hat?“

„Ach, glauben Sie mir, ich habe ihn sehr geliebt! Seine Werke haben mir immer großen Erfolg beschert.“

Das sagte die schöne Stimme einer Frau.

Sie weinten um meinen Verleger, denn dort liebten sie mich sehr.

Zu Hause in der Rue de Vaugirard versammelten sich meine Frau, meine Tochter, meine Enkel und Urenkel und fanden beinahe Trost in ihrem Schluchzen.

Die Familie sollte am selben Abend, in der Nacht vor meiner Beerdigung, in Égreville eintreffen.

Und meine Seele (die Seele überlebt den Körper) lauschte all diesen Geräuschen aus der zurückgebliebenen Stadt. Je weiter mich die Kutsche fortbrachte, desto leiser wurden die Gespräche und Geräusche, und ich wusste, denn ich hatte mein Gewölbe vor langer Zeit bauen lassen, dass der schwere Stein, wenn er einmal versiegelt war, in wenigen Stunden das Tor zur Vergessenheit sein würde.

DAS ENDE